나의 주님이시자 구원자이신 예수 그리스도와
확고한 믿음과 열정으로 더 깊은 차원의 기도와
성령과의 친밀함으로 나아가도록 영감을 준
보이지 않는 세계의 구름같이 둘러싼 허다한 증인들에게
이 책을 바칩니다.

찰리 샤프 지음 | 조슈아 김 옮김

영성가의 기도

감추진
성령의
능력을
열다

MYSTICAL
PRAYER

목차

6_ 추천사

10_ 머리말

1장 묵상기도　　　　　　　　　　　　　　_13

2장 영성가의 기도　　　　　　　　　　　　_35

3장 영적으로 보는 것의 네 가지 차원　　　_51

4장 선지자의 창조적인 역할　　　　　　　_77

5장 얼굴과 얼굴로 대면하기　　　　　　　_95

6장 추구하기　　　　　　　　　　　　　　_109

7장 영광스러운 도진　　　　　　　　　　　_123

추천사

교회 안에 '신성에의 연합', '황홀경' 혹은 '영적인 기도'에 사로잡혔던 사람들에 대한 역사적 기술은 오랫동안 있어 왔다. 이것들은 무엇이며, 과연 이것들이 성경적 기반을 가지고 있는 것인가? 찰리는 이 주제와 관련하여 내가 읽어 본 책들 중 가장 능숙하게 이러한 영역의 신비를 벗겨내어 쉽게 이해시키는 일을 하였다. 그 의미를 축소하거나 희석시키지 않으면서 말이다. 아빌라의 테레사가 쓴 《내면의 불》Fire Within의 현대판과 같은 이 책은 어떻게 기도가 우리 삶에서 가장 사모하는 것이 될 수 있는지에 대해 관련 용어와 과정과 예시들을 알기 원하는 모든 이들에게 놀라운 도전이 될 것이다.

그동안 이 주제와 관련하여 많은 부분들이 교회 안에서 터부시되었고, 한 세대에 오직 한두 명 정도의 극소수만이 경험하게 되는 것이라고 여겨져 왔다. 그러나 찰리는 우리와 하나님과의 연결에 바울이 고린도전서 2장에서 언급한 것과 같이 관계를 활성화시킬 수 있는 많은 도구들이 있음을 믿게 해준다. 하나님께서는 그분의 가장 깊은 곳에 우리의 생각을 연결시켜 주신다. 이 책은 나와 같이 하나님과의 더 깊은 관계에 대한 관심과 갈망이 큰 사람들의 갈증을 해소시켜 줄 청량제가 될 것이다.

샨 볼츠, Exploring the Prophetic Podcast 진행자
《사랑의 통역사》, 《하나님과 동행하는 사람들》의 저자

찰리 샴프는 성령 안에서 더 깊이 나아가기를 갈망하는 자라면 누구나 반드시 읽어야 할 책을 집필하였다. 《영성가의 기도》는 하나님을 얼굴과 얼굴로 대면하는 예언적 만남, 그리고 그 이상의 것들로 당신을 인도할 것이다! 찰리의 사역이 가는 곳마다 놀라운 하나님의 임재를 가져오듯, 현대의 계시들이 적혀 있는 이 책은 영광의 무게를 지니고 있다. 이 책을 읽으라. 그리고 당신의 삶에서 성령의 감춰진 능력을 열 수 있도록 준비되라!

조슈아 밀즈, International Glory Ministries 설립자
《거룩한 흐름, 분위기》, 《시간 & 영원》의 저자

이 책에는 당신의 삶을 그저 형식적인 크리스천의 삶에서, 어디를 가든 하나님 나라의 영광과 능력을 나타내며 세상을 바꾸는 삶으로 변화시키는 능력이 있다. 나는 찰리 샴프의 삶에서 하나님의 가시적인 능력과 임재를 향한 꺼지지 않는 갈망을 직접 보았으며, 그와

하나님의 영광에 대하여 수많은 대화들을 나누었다. 찰리는 묵상기도의 삶을 사는 것을 넘어서서 예수님의 임재의 은밀한 처소 안에서 살아가는 가운데 하나님의 심오한 비밀들을 알게 되었다.

그리스도야말로 위대한 하나님의 신비로운 비밀이다! 찰리는 이 놀라운 책 《영성가의 기도》에서 하나님의 깊은 곳으로 돌파해 들어갈 수 있도록 그 신비를 풀어줄 뿐 아니라, 이러한 차원에서 어떻게 살아갈 수 있는지에 대한 청사진을 제시한다. 나는 당신이 이 책에 계시된 놀라운 진리들을 취하여 자신의 것으로 소화시키길 바란다. 그렇게 할 때, 당신의 삶은 이전과 완전히 달라질 것이다! 놀랍고 신비로운 기도의 세계로 들어가 그곳에 잠길 준비를 하라!

제프 젠슨, Global Fire Ministries International 설립자
《영광의 사역》의 저자

찰리 샤프는 이 책에서 당신이 기도 가운데 하나님의 은혜의 보좌로 담대히 나아가도록 도울 초자연적인 열쇠들을 풀어낸다! 이 책은 효과적이고 뜨거운 기도의 삶을 계발하고자 하는 이들이 반드시 읽어야 하는 필독서이다! 이 놀라운 책을 강력히 추천한다!

케빈 바스코니, King of Glory Ministries International 설립자
《형통의 문을 여는 31가지 선포기도》의 저자

찰리 샤프의 《영성가의 기도》는 분명 당신을 갈망하게 만들 것이다. 당신은 책을 읽으면서, 하나님을 구하고 하나님과 그분의 신비한

차원들을 경험하기 위해 때때로 중간에 멈출 수밖에 없을 것이다. 이 책은 이제껏 알지 못했던 더욱 깊은 방식으로 하나님을 알도록 당신을 인도할 것이다.

　패트리샤 킹, Patricia King Ministries 설립자
　　《그리스도인의 영적 혁명》, 《빛은 어둠 속에 있다》의 저자

머리말

어느 날 아침, 하나님께서 작고 세미한 음성으로 중요한 말씀을 하시는 것을 들었다. "잠잠함은 계시의 인큐베이터다." 성령의 음성을 들을 때, 때로는 그 말씀이 우리 안에 깊이 들어오도록 해야 될 때가 있다. 우리가 듣게 되는 어떤 말씀들은 마치 그 안에 성능이 좋은 컴퓨터 CPU가 탑재된 것처럼, 그것이 의미하는 바를 바로 이해하거나 알게 된다. 그러나 내가 앞에 소개한 말씀을 처음 들었을 때는, 마치 한 잔의 뜨거운 차처럼 더 큰 의미가 우러나서 그것을 내 영혼이 마실 수 있도록 잠시간 두어야 한다는 생각이 들었다.

"잠잠함은 계시의 인큐베이터다"라는 이 한 문장은 내가 하나님과 함께 시간을 보내는 방법을 바꾸어 놓았다. 그러나 나에게는 한 가지 문제가 있었다. 다른 이들처럼 생각이라는 괴물이 나의 생각이 무엇에, 또 얼마나 오래 그것에 머무는지를 지배하도록 허락한 것이다. 그리고 그것은 별로 좋지 못한 결과를 가져왔다. 만약 잠잠함이 계시의 인큐베이터라면, 어떻게 주님 앞에서 나의 혼을 잠잠케 하는지를 배워야 했다. 그것은 결코 쉬운 일이 아니었다! 그러나 나는 그것을 더욱 연구하고, 기도하고, 추구하고, 사모하고, 기다렸다. 그리고 결국에는 내 머릿속 CPU의 속도를 주님의 음성의 세밀한 뉘앙스까지 들을 수 있을 만큼 늦추는 법을 배웠다.

찰리 샴프처럼 나에게도 멘토가 되어 준 말씀 중 하나는 이사야 40장 31절이다. "오직 여호와를 앙망하는 자는 새 힘을 얻으리니 독수리가 날개 치며 올라감 같을 것이요 달음박질하여도 곤비하지 아니하겠고 걸어가도 피곤하지 아니하리로다." 그런데 주님을 앙망한다는 말의 의미는 무엇일까? 누가 기다리며 섬기고, 누가 섬김을 받는다는 것일까? 당신이 많은 이들이 가지 않는 길로 가기 위해 주님을 찾기 시작할 때는 여러 가지 기초적인 질문들이 머릿속에 떠오르게 된다. 그 길이 당신이 속한 교단이나 익숙한 문화에서 많은 이들이 걷지 않았던 것이라면 말이다. 어떤 이들에게는 이것이 잘 알려진 길일 수 있지만, 어떤 이들에게는 발걸음이 거의 미치지 않은 여정인 것이다.

대부분의 개신교 복음주의의 성령 충만한 크리스천들에게는 내가 당시 경험하게 될 것에 대한 실질적 이해가 없었다. 그런데 그때 나는 네덜란드 개혁주의 신학자인 앤드류 머레이의 《하나님을 기다리기》Waiting on God라는 소책자를 우연히 읽게 되었다. 마침내 보물상자가 열렸고, 나는 하루에도 몇 시간 동안 주님의 임재의 빛을 누리는 데 시간을 할애하기 시작하였다. 그것은 마치 '영성가들로부터의 가르침'이라는 수업을 받는 것 같았다. 사실 나는 그때까지 그렇게 좋은 수업이 있는지조차 몰랐다.

나는 성령님의 개인지도 아래, 주님의 음성을 훨씬 잘 들을 수 있는 법을 배우는 데 많은 시간을 들였다. 그러자 이전까지 알지 못했던 아버지 집의 여러 방들로 인도되었다. 모든 것을 잠시 멈춘 후 아무것도 묻지 않고 그저 주님의 아름다움에 두 눈을 고정시키고 난 후에야 그분의 전을 구하는 것이다.

나는 꿈이 진정 현실이 되는 놀라운 만남으로 당신을 초청한다. 주님께서 인도하실 '하나님의 초자연적인 길'에는 당신이 배우게 될 신나는 수업들이 있다. "나와 함께 오라, 네가 보게 될 것이다. 나와 함께 오라, 네가 그렇게 될 것이다. 와서 나와 함께 가자, 너의 마음속에 진정한 믿음이 또다시 태어나게 될 끝없는 기도의 여정으로!"

짐 골, God Encounters Ministries 및 GOLL Ideation LLC 설립자
《어둠의 영을 축사하라》의 저자

1장

묵상 기도

믿음으로 바라보기

{ MYSTICAL PRAYER }

　　　　　　　　　　묵상기도는 교회에서 소홀히 여기는 주제이다. 사실 나는 어떤 가르침을 읽거나 들음으로 혹은 과거 성인들의 통찰을 들여다봄으로 이것에 대해 배운 것은 아니다. 나는 묵상기도를 경험으로 배우게 되었다. 내가 주님의 임재 속에서 그분을 기다릴 때, 묵상기도에 대한 진리가 나에게 실재가 되었다. 그분의 임재야말로 공부를 위한 최적의 장소이다. 기도란 어떠한 일이 일어나게 하기 위해 우리 스스로 노력하기보다는 우리의 행위는 더 줄이고 그저 기다리는 것이어야 한다. 기도란 불필요한 행위를 하는 것이 아니라 잠잠히 기다리는 것이다.

　　오늘날 많은 사람들이 자신이 무언가를 많이 하였기 때문에 더 많이 성취하고 있다고 생각한다. 그러나 모든 경우가 그런 것은 아니다. 묵상기도에는 고요함이 있다. 그리고 그 고요함 속에는 하나님의 능력이 있다. 성경은 "오직 여호와를 앙망하는(기다리는, KJV) 자는 새

힘을 얻으리니"(사 40:31)라고 말한다. 마치 잠잠히 기다리는 것처럼 보이는 기도는 많은 경우 애쓰거나 불필요한 행위를 하는 기도보다 훨씬 더 효과적이다.

보통 은사주의 교파 안에서는 목소리를 높여 요란하게 하는 전투기도만을 맹신하는 경향이 있다. 물론 이러한 기도에는 특별한 목적과 용도가 있다. 그럼에도 불구하고 묵상기도는 그러한 기도와는 모양과 기능에서 많은 차이가 있다. 묵상기도는 큰 소리나 행동을 필요로 하지 않는다. 그것보다는 훨씬 더 단순하고 정적이다. 이러한 묵상기도의 단계들에 대해서는 이번 장 후반부에서 더욱 자세하게 다룰 것이다.

경험적인 기도

다윗은 "내 마음과 육체가 살아 계시는 하나님께 부르짖나이다"(시 84:2)라고 하였다. 우리가 묵상기도로 더욱 깊이 들어갈수록 하나님께서 우리 육체에 임하신다는 것을 분명히 말하고 싶다. 그분은 우리의 육신적인 몸에 임하신다. 이것은 매우 실제적이고 경험적인 현실이다. 너무도 많은 사람들이 기독교적인 체험을 물리적인 것이라기보다는 그저 '영적인 것'으로만 치부하여 왔다. 그러나 그렇게 되어서는 안 된다!

나는 "당신이 기도 중에 그분의 임재를 느끼지 못한다면, 그것이 오히려 이상합니다"라고 말할 것이다. 주님께서는 우리의 물리적인 육체에 임하기 원하신다. 주님은 그분의 임재를 우리가 느끼기 원하신다. 당신이 주님께 나아와 그분을 기다릴 때, 그분께서는 당신을 묵상기도의 여러 단계와 차원들로 이끄실 것이다. "나의 영혼아 잠잠히 하나님만 바라라(기다리라, KJV) 무릇 나의 소망이 그로부터 나오는 도다"(시 62:5).

당신이 고요한 가운데 잠잠하게 주님을 기다릴 때, 그분께서 당신에게 평강을 부어 주실 것이다. 당신이 그분의 평강으로 감싸졌을 때, 그분의 임재의 더 깊은 차원과 장소로 들어가게 된다. 말하자면, 그분의 평강은 진입 단계의 드러내심인 것이다. 그리고 갑자기 바울이 말했던 것처럼 몸 안에 있는지 몸 밖에 있는지 모를, 이전에는 갈 수 있을 거라고 생각지 못했던 임재의 차원과 깊이로 사로잡혀 들어가게 된다. 그곳에서 기도는 단지 목적지가 아닌 하나의 여정이자 경험이 된다. 또한 기도는 끝으로 가기 위한 수단이 아니라 그 자체가 끝인 것이다. 이 단계에서 당신은 아직 도착하지는 않았지만, 계속 도착하고 있는 중임을 자각하게 된다.

많은 경우 사람들은 어떠한 경지에 다다르려고 노력하지만, 사실 기도라는 것은 하나님께서 우리에게 주신 여정이다. 우리가 어딘가에 도달하려 하는 것이 목적이 아니라 그 여정을 경험하는 것이 목적이라는 것을 깨닫게 된다면, 기도가 규격화된 시스템이나 방법이 아니라는 것을 이해하게 될 것이다. 기도는 사람에 의해 만들어진 공식이 아닌 매번 새롭고 신선한 경험이다!

열여덟 살 때 처음 이것을 알게 된 나는 주님과 함께 시간을 보내기 위해 많은 시간을 들였다. 때때로 나는 여러 시간 동안 주님의 임재 속에 있곤 했다. 그러한 시간들은 마치 짧은 순간처럼 느껴졌다. 긴 시간이 단지 몇 초처럼 느껴진 것이다. 나는 기도 속에서 나 자신을 잊곤 했다.

하나님과 하나가 되면, 그곳에는 더 이상 시간이 존재하지 않게 된다. 그리고 긴 시간 동안 임재 안에 사로잡혀 있었음에도 겨우 몇 분이 지난 것처럼 느껴진다. 이러한 거룩한 무아지경의 차원은 그저 상상만 하는 것이 아닌 우리가 실제로 도달할 수 있는 장소인 것이다. 하나님의 뜻은 우리를 시간이 배제된 그분의 영광 안으로 데리고 가시는 것이다. 그렇게 함으로써 그분은 우리에게 천국의 실재를 나눠 주신다.

이러한 시간들을 통해 우리는 이제껏 갖지 못했던 능력과 은혜를 받아서 나오게 된다. 이러한 고요한 시간들은 당신의 일정 중 가장 생산적인 시간이 될 것이다. 당신은 이전에 임재 밖에서 행한 그 어떤 노력보다 주님의 영광 안에서 주님께 요청하는 것만으로 더 많은 일들을 해낼 수 있다는 것을 알게 될 것이다.

위대한 사람들로부터 배우기

캐더린 쿨만이라는 하나님의 사람이 있었다. 하나님께서는 이 여인을 은사의 회복을 위해 불을 지피는 도구로 사용하셨다. 강단 위에서 성령 안에서 행하는 그녀는 마치 예수님께 완전히 사로잡혀 모든 움직임이 그분과 일체화되어 함께 움직이는 것처럼 보였다. 영적으로는 거인이었던 그녀는 말할 때는 사랑으로 부드럽게 하였다. 기적과 이사가 그녀의 사역의 특징이었으며, 그녀의 가르침을 듣는 사람은 누구나 그녀가 지닌 것들이 진실함을 알 수 있었다.

그럼에도 불구하고 나는 그녀의 사역이 단순한 은사의 결과가 아니라 깊이 헌신한 기도의 삶의 결과였음을 분명히 하고 싶다. 그녀는 이런 말을 한 적이 있다. "하나님은 금으로 된 그릇을 찾고 계신 것이 아닙니다. 하나님은 은으로 된 그릇을 찾고 계신 것도 아닙니다. 하나님은 내어드려진 그릇을 찾고 계십니다."

하나님은 완벽한 자를 찾으시는 것이 아니라 자신을 내어드린 자를 찾으신다. 우리가 기도로 자신을 하나님께 내어드릴 때, 하나님께서는 우리 영의 사람을 천국의 모든 것으로 채우기 시작하신다. 하나님께서는 그분의 본성이 우리 삶을 통해 흘러나올 때까지 부어 주신다. 그분의 형상과 성품이 우리의 일상적인 모습이 되는 것이다.

나는 캐더린 쿨만에 관한 놀라운 일화들과 그녀가 어떻게 예수님을 드러내었는지에 대한 이야기들을 기억한다. 그녀가 살았던 피츠버그에 있는 공항에는 그녀만 사용하는 별도의 출구가 있었다고 한다. 왜냐면 그녀 주위를 감싸고 있는 성령 때문에 그녀가 가는 곳마다 사람들이 쓰러졌기 때문이다. 그래서 대중으로부터 그녀를 격리시켜야만 했다. 한번은 그녀가 호텔 주방으로 들어가자 주방에서 일하던 모든 직원이 하나님의 능력에 압도되어 쓰러졌다고 한다. 이러한 하나님의 드러나심은 그저 우연한 하나님의 역사하심이 아닌 의도적으로 기도에 내어드린 삶 때문에 일어난 일이다.

찰스 피니를 예로 들어 보자. 그가 뉴욕 북부의 한 공장으로 들어갔을 때, 어떤 일이 일어났는지 아는가? 천국이 그 장소로 걸어 들어왔다. 한순간 그 공장 안에 있던 모든 사람이 하나님의 임재 속에서 울기 시작했다. 왜 그런 일이 일어났을까? 그는 늘 기도하였고, 또 묵상기도가 삶의 방식인 사람이었다. 확실히 말할 수 있는 것은 하나님의 드러나심이 그저 은사를 따르는 것이 아니라는 것이다. 그것은 기도에 자신을 내어드린 사람들에게 일어난다.

인도 출신 영성가인 썬다 싱은 '피 흘리는 발의 사도'라고 불렸다. 왜냐하면 그가 맨발로 다니며 복음을 전했기 때문이다. 사역 때문에 큰 핍박을 받은 그는 기도와 묵상에 삶을 내어드린 사람이었다. 한번은 그가 이렇게 말했다. "세상에는 수많은 아름다운 것이 있습니다. 그러나 진주는 바다 깊은 곳에서만 찾을 수 있습니다. 우리가 영적인 진주를 얻기 원한다면, 깊은 곳으로 뛰어들어야만 합니다. 그 말은 우리가 반드시 기도해야만 한다는 것입니다. 우리는 묵상과 기도의 비밀스럽고 깊은 곳으로 가라앉아야만 합니다 … 그런 뒤에야 귀한 진주들을 받게 되는 것입니다." 그는 또한 이렇게 말했다. "기도는 하나님께 우리가 원하는 것들을 달라고 요구하는 행위가 아닙니다. 기도는 유일한 생명의 근원이신 하나님 자체를 갈망하는 행위입니다."

썬다 싱은 놀라운 하나님의 임재를 발산하는 사람이었다. 성령의 정수를 지니고 나르는 자였던 그가 사람들의 집을 방문할 때면, 사람들이 그를 예수님으로 착각하곤 하였다. 그리스도의 성품 자체를 뿜어내는 그가 누군가의 집 문을 두드리면, 안에 있던 사람들이 문을 열고 예수님이 나타나신 것으로 착각하는 일이 많았다고 한다. 이런 이야기를 들으면, 사람들은 이렇게 말한다. "잘 모르겠습니다, 형제님. 그건 좀 아닌 것 같은데요." 그렇지만 복음에는 우리를 예수 그리스도의 형상대로 변화시키는 것이 하나님의 뜻이라고 나와 있다. 주님께서는 당신이 변화되어 사람들이 당신을 그리스도라고 착각할 정도가 되기를 원하신다.

잔 G. 레이크는 아침에 일어날 때마다 거울을 보고 "안녕하세요, 예수님"이라고 하였다. 이 말이 정신 나간 소리처럼 들리겠지만, 한번은 그의 손에서 흑사병균이 죽는 일도 있었다. 의학자들이 이것을 현미경으로 확인하며 어떻게 이런 일이 가능한지 묻자, 그는 다음과 같이 말했다. "하나님의 영이 내 안에 살고, 그리스도 안에 있는 생명의 성령의 법이 죄와 죽음의 법에서 나를 자유케 하였기 때문입니다!" 그리고 그는 힐링룸 사역을 시작하기 위해 워싱턴 주 스포캔으로 이사하였다. 그가 그곳으로 간 지 1년 내에 스포캔 시는 미국 전역에서 가장 건강한 도시가 되었다. 하나님과 기도로 충만한 사람에 의해 그런 일이 일어난 것이다!

> 오직 여호와를 앙망하는(기다리는) 자는 새 힘을 얻으리니 독수리가 날개 치며 올라감 같을 것이요 달음박질하여도 곤비하지 아니하겠고

걸어가도 피곤하지 아니하리로다 (사 40:31)

위 구절에서 말하고 있듯이, 새롭게 됨과 견고케 됨은 주님을 기다림으로 인한 결과이다. 우리는 너무도 자주 위대한 믿음의 거장들과 같이 강력한 하나님의 드러나심을 원하면서도 기도의 대가를 지불하려 하지는 않는다!

위대한 성인들의 공통된 관심사는 묵상기도였다. 그들은 주님 앞에서 살고, 숨쉬며, 묵상을 연습하였다. 그렇다면 묵상기도란 정확히 어떤 모습이며, 어떻게 그것을 실행할 수 있을까? 먼저 그 기초를 분류해 보자.

묵상기도의 4단계

집중

집중 단계는 불완전한 영적인 합일, 혹은 침묵의 기도, 초자연적인 집중의 기도라고 할 수 있다. 이때는 아직 우리가 산만해지는 것을 막기에는 하나님의 행하심이 그다지 강하지 않으며, 우리의 상상력이 얼마간의 자유함을 지니고 있다. 이 집중의 단계는 당신이 기도로 처음 들어오는 때이나. 이때는 하나님과 연결되는 최초의 단계로, 많은 사람들이 사실은 이 첫 단계를 한 번도 넘지 않는다. 이 장소는 우리가 그분의 뜰에 감사함으로 나아가는 곳이다. 우리가 그날의 짐들을 내려놓는 시간이 바로 이때이다. 쉽게 말해, 우리는 이 단계에서 우리의 짐들을 하나님께 내려놓는다고 할 수 있다.

이 단계에서 우리는 주님께 우리의 문제나 어려움들을 말씀드린다. 우리는 하나님께 우리 자신과 주변 사람들, 가족 또는 여러 상황들을 도와주시기를 요청한다. 이 단계에서는 삶의 분주함에서 기도의 고요함으로의 전환이 이루어진다. 만일 당신이 성령세례를 받았다면, 바로 이 단계에서 방언으로 기도하며 더 깊은 단계로 들어가기 시작한다.

집중 단계는 그분의 임재 속에 발을 막 담그기 시작하는 지점이다. 우리는 이곳에서 그날의 여러 문제들을 넘게 된다. 이것은 매우 필수적인 단계이지만, 유일한 것은 아니다. 기도가 집이라면, 집중 단계는 현관쯤 되는 것이다.

집중 단계에서는 우리의 생각이 여전히 배회한다. 우리는 기도하고 있지만, 정신적으로는 세상의 일들과 삶의 문제들에 대해 생각하게 된다. 어쩌면 이때 핸드폰을 들여다보며 친구가 답장을 할 것인지, 중요한 스포츠 경기의 결과가 어떤지 확인하고 있는 자신을 발견할 수도 있다. 이런 이유로 나는 개인적으로 기도할 때 핸드폰을 가지고 가지 말아야 한다는 것을 배우게 되었다. 만약 사람들에게 연락해야 하는 상황이라 해도, 기도 후에 답장을 한다고 해서 문제가 되지는 않을 것이다.

어떤 사람들은 기도가 현실의 일로부터 우리를 멀어지게 한다고 생각한다. 그러나 나는 더 많이 기도할수록 하나님을 위해 더 많은 일들을 하게 된다는 것을 알게 되었다. 기도시간이 늘어날수록 생산성도 증가한다. 어떤 사람들은 기도를 많이 하면 일정에 차질이 생겨 성취할 수 있는 일이 줄어든다고 생각하지만, 사실은 그 반대인 것이다. 기도가 줄어든다면, 당신의 삶은 많은 노력에도 성취가 적은 분주한 일들로 가득하게 될 것이다!

*기도는 우리가 하나님께 말하기보다
하나님이 우리에게 말씀하시는 시간이어야 한다.*

집중 단계에서 우리의 생각은 일, 삶, 그리고 그 외 모든 것으로부터 하나님과 하나 되는 달콤함으로 옮겨가게 된다. 이러한 것들을 모두 내려놓는 데는 시간이 좀 걸릴 수도 있다. 어쩌면 30분에서 심지어는 1시간 정도 걸릴 수도 있다. 더 오래 걸릴 수도 있겠지만, 그것을 통과하는 것은 충분히 가치가 있는 일이다!

대부분의 크리스천들은 자신에게서 삶의 짐이 떠나간 것을 느끼자마자 기도를 중단한다. 그들은 기도의 세 번째, 네 번째 단계는 말할 것도 없고 두 번째 단계로 들어가기 전에 이미 기도의 자리를 떠난다. 하나님의 평강이 임하고 문제가 해결됐음을 느끼는 순간, 그들은 "할렐루야, 좋은 기도였어. 이제 난 괜찮아"라고 말한다. 그러나 기도는 우리가 하나님께 말하기보다 하나님이 우리에게 말씀하시는 시간이어야 한다.

우리가 귀를 기울이고 더 깊은 경험으로 들어가고자 한다면, 보다 새로운 방법으로 하나님의 풍성함이 우리에게 풀어지는 것을 보게 될 것이다.

명상(묵상)

어떤 사람들은 "맙소사! 명상은 사탄적인 것이야. 그것은 하나님의 것일 수 없어"라고 말한다. 이것에 대해 나는 이렇게 묻고 싶다. 사탄이 창조한 것이 하나라도 있다고 생각하는가? 아니면 그가 하나님이 만드신 것을 왜곡했다고 생각하는가? 당연히 사탄은 그것을 왜곡한 것이다. 그가 참된 성경적 명상을 왜곡했다고 해서 우리가 진실된 행위를 버려야 하는 것은 아니다! 벼룩을 잡는다고 초가삼간을 태우는 실수를 범하면 안 된다. 모조품이 존재한다는 이유만으로 유익한 영적 행위를 버려서는 안 된다.

이 두 번째 단계에서는 우리 혼이 천국에 집중하기 시작한다. 명상은 온전하거나 부분적인 무아지경 속의 하나 됨이다. 이 단계에서는 마음이 새롭게 된다. 당신은 이미 문을 지나왔다. 당신은 이미 하나님과 그분의 말씀이 살아서 역사하는 장소로 들어왔다. 이곳은 하나님의 신적인 능력이 우리를 온전히 사로잡는, 그렇지만 감각들은 여전히 살아 있어서 원한다면 우리의 의지로 기도를 중지할 수 있는 단계이다. 이곳에서 당신은 아직 주님께 완전히 압도된 것은 아니나 당신의 영·혼·육을 더욱 주님의 임재에 내어드리게 된다.

이 단계에서는 당신의 마음이 평강 속으로 들어가고 주님의 말씀으로 새롭게 된다. 당신은 성막의 성소, 혹은 하나님의 등잔대 속으로 들어가기 시작한다. 그리고 당신의 마음에 불이 밝혀진다. 당신은 진설병과 분향단에 참여하게 되며, 당신 속에서 중보의 기도가 올라오기 시작한다.

성막의 구성 순서와 구조물들을 공부하면서 발견하게 되는 것들은 매우 흥미롭고 의미가 있다. 그 예표와 그림자들은 매우 심오하다! 하나님은 모세에게 먼저 예수 그리스도의 영광을 상징하는 언약궤를 만들라고 하셨다. 두 번째 구성물은 주님의 성육신을 통해 우리가 거하는 이 땅에 하나님의 영광이 드러남을 상징하는 진설병이다. 진설병은 하나님의 영광의 물리적·현세적 상징물이다. 예수님께서는 하늘 아버지의 현현으로서 이 땅에 오셨다. 말하자면 그분 자신이 우리의 진설병이신 것이다. 그분 자체가 우리가 참여하여 나눌 수 있는 하늘의 양식이시다.

이러한 것들을 취할 때, 당신은 더 깊은 장소로 들어가게 된다. 이 단계에서는 당신의 혼이 잠잠해지고 안식으로 들어가기 시작한다. 당신은 묵상기도의 단계와 깊이들을 이해하기 시작하였는가? 이곳에서 당신은 하나님의 임재를 취하여 먹게 된다. 이 땅에서의 일들에 관한 생각들이 떠나고, 말씀이 조명되기 시작한다. 그리고 당신은 새 힘을 얻게 된다. 그런데 안타깝게도 많은 신자들이 이 거룩한 성소에 들어가지 않기 때문에 피곤하고 연약해진다! 그들은 그 문을 지나서 안으로는 들어가지 않는다. 왕과 함께 만찬에 참여하는 장소까지 들어오지 않고, 그저 그들의 짐만 내려놓는 것이다. 이 하나 되는 성찬의 장소에서 우리는 이 세상의 근심과 걱정들이 희미해질 정도로 하나님, 예수님, 성령님과 아주 가까워진다. 무거움은 떠나가고 우리 영은 평안함 속에 가벼워진다.

이때 말씀이 살아나고 계시가 임하기 시작한다. 기도와 명상에 임하는 마음의 자세가 통찰과 계시를 끌어당기게 된다. 이것은 당신이 말씀을 읽음으로써가 아니라 먹음으로써 일어나게 되는 것이다. 하나님께서 당신 안에 등잔대를 세우시면, 갑자기 전에 이해하지 못했던 성경구절들을 온전히 이해하게 된다.

사무엘을 예로 들어 보면, 그는 실제로 하나님의 등잔대가 있는 곳에 누웠다. 성경에 의하면, 그 당시에는 계시가 흔하지 않았다. 그럼에도 사무엘은 등잔대 옆에 누워 하나님을 바라는 묵상에 들어갔다. 이와 같이, 등잔대 옆에 눕는 행동이 하나님의 말씀 자체와 그분의 음성을 향한 계시와 통찰을 풀어 놓는 기폭제가 되는 것이다.

그러던 어느 날, 하나님께서 말씀하셨다. 하지만, 사무엘은 그것을 인지하지 못하였다. 왜냐하면 그가 훈련을 받은 적이 없었기 때문이다. 엘리는 이론은 알고 있었지만, 임재에 대해 몰랐다. 이처럼 이론만 알고 임재를 모르는 것은 잘못된 일이다.

엘리는 처음에 사무엘에게 바른 가르침을 주지 못했다. 그러나 세 번째에서야 깨닫고 사무엘에게 주님의 음성에 귀 기울이라고 지시한다. 그렇게 반응하면서부터 계시가 흐르기 시작했고, 그러할 때에 그때나 지금이나 세상을 완전히 바꾸는 선지자적 사역이 시작되는 것이다.

그래서 때때로 나는 주님 앞에 누워 그저 성령께서 오셔서 조명해 주시기를 요청드린다. 그리고 묵상기도의 단계들을 통과하기 시작한다. 이 단계에서는 어떤 확장이 있게 되는데, 때로는 그 방 자체가 확장되는 것 같은 느낌마저 든다. 그리고 마치 자신이 들어 올려지는 듯한 느낌을 받게 된다. 천사들이 와서 하나님의 임재로 우리를 들어올린다. 이러한 것들 또한 명상을 할 때 부차적으로 얻을 수 있는 소중한 것들이다.

연합

이 단계는 무아지경 속의 일치이다. 무아지경(황홀경)이라는 단어의 어원은 '엑스타시'ecstasy이다. 이 단계에서는 외부세계(혹은 세상)와의 커뮤니케이션이 단절되거나 거의 단절되며, 아무도 당신을 방해할 수 없다. 이때에는 그러한 상태에서 스스로 나오거나 나와질 수 없다. 이 단계에 들어가게 되면, 마치 당신의 몸이 확장되고 있는 듯한 느낌을 받고 자신이 움직일 수 없음에도 무언가를 느끼기 시작한다. 마치 더 이상 움직일 수 없는 것처럼 느껴지고, 성령의 거룩한 무게감이 임하기 시작한다. 성경에서 영광이라는 단어가 무거운 사람 혹은 무거운 무언가로 표현되어 있는데, 이것은 부정적인 무거움이 아니라 좋은 무거움이다. 이 단계에서 당신의 몸은 움직이는 능력을 상실하게 된다. 심지어 일종의 마비되는 느낌을 받을 수도 있는데, 이것은 머리부터 발끝까지 일어나게 된다. 어떤 사람들은 집회 중에 이런 것을 경험하기도 한다.

최근에 외국의 한 나라에서 집회를 인도하는 중에 5-18세 아이들에게 기름을 부어 주는 시간을 가졌다. 내가 그들을 위해 기도할 때, 하나님의 능력이 그들을 만지셨다. 나는 바닥에 누워 울고, 웃고, 방언으로 말하는 그들을 뒤로한 채 그곳을 떠났다. 몇 시간 뒤에 그 교회 목사님으로부터 사진을 전송받았는데, 아직도 그들이 바닥에 누워 있어서 안내 요원들이 그들을 들어서 옮겨야 했다. 아이들이 성령 안에서 나오지 않았기 때문이다. 그들은 천국과 이 땅 사이에서 무아지경으로 들어갔다. 이 귀한 장소에서 당신은 전적으로 성령님의 자비와 통제에 이끌리게 된다.

안타깝게도 많은 사람들이 집회 중에 이러한 것들을 경험하면서도 그들의 개인 기도시간에는 경험하지 못한다. 당신이 이러한 차원의 영광을 지니고 있어야만, 이것을 다른 이들에게 풀어 줄 수 있다. 이러한 하나 됨과 무아지경의 단계에서 시간을 보내게 되면, 다른 이들은 할 수 없는 차원의 초자연적인 것들을 풀어낼 수 있는 능력을 가지게 될 것이다.

연합의 단계에서는 자연계와 초자연계의 구분이 불분명해진다. 당신은 여전히 몸 안에 있지만, 당신의 몸은 움직일 수 없게 된다. 당신의 혼과 영이 분리되는 것이다. 히브리서 4장에서처럼, 영과 혼은 말씀에 의해 쪼개진다. 이 세 번째 단계에서 당신은 하나님의 임재에 압도되게 된다. 당신은 더 이상 임재가 임하기를 구하느라 노력할 필요가 없다. 더 이상 임재가 임하지 않을까 걱정하지 않게 된다. 이미 그분이 임하셨기 때문이다.

황홀경

말씀을 공부해 보면, 이 단계의 실제 예들을 보게 된다. 사도행전에서 베드로는 황홀한trance 중에 하늘로부터 내려온 동물들의 환상을 보고, 하나님의 음성을 듣게 된다. 이 구절에서 황홀trance이라는 단어는 헬라어로 '엑스타시스'ekstasis이다. 이 단계에서 우리는 하나님과 융합되고, 마치 혼인한 것처럼 그분과 하나가 된다.

알다시피 신부는 신랑과 합방을 하기 전까지는 신랑이나 결혼관계로부터 오는 어떠한 권리도 누릴 수 없다. 합방이 있고부터 혼인 언약 속에 있는 모든 것에 대한 권리를 갖게 되는 것이다. 하나님께서는 우리와 혼인하고 싶어 하신다. 우리는 그분의 신부이다. 우리는 그분과 연합하였다. 언젠가 때가 되면 우리는 그분과 혼인만찬을 함께 하고, 최종적인 합방을 하게 될 것이다.

그렇지만 그 이전에 우리는 기도로 하나님과 혼인할 수 있다. 그것이 바로 기도로 들어가는 황홀경이다! 그곳에서는 완전히 하나님으로 감싸진 나머지 천국과 이 땅이 하나가 된다. 하나님의 영과 사람의 영 사이에 거룩한 연합이 있게 된다. 이곳에는 하나 됨이 있다. 그저 가까운 정도가 아니라 접착제로 붙인 것처럼 하나님과 딱 붙는 것이다.

바울은 고린도후서에서 "내가 그리스도 안에 있는 한 사람을 아노니 그는 십사 년 전에 셋째 하늘에 이끌려 간 자라 (그가 몸 안에 있었는지 몸 밖에 있었는지 나는 모르거니와 하나님은 아시느니라)"(고후 12:2)라고 하였다. 바로 황홀경의 장소로 이끌려간 것이다. 그곳은 하나님과 사람 간의 영적인 혼인 자리이다. 자신이 몸 안에 있는지, 밖에 있는지 알 수 없는 두 차원이 하나가 된 장소에서 하나님은 바울에게 그가 차마 언급할 수도 없는 여러 비밀들과 친밀함을 보여 주셨다.

하나님은 모두에게 그분의 친밀함을 나누지 않으신다. 그런데 한편으로는 그러고 싶어 하신다. 사실 성경은 하나님께서 모든 민족과 친밀한 교제를 나누고 싶어 하신다고 서술한다. 하나님께서는 친밀한 관계를 맺고자 인류를 창조하신 것이다.

하나님은 이스라엘을 구성하시고, "내가 너희와 혼인하기를 원한다. 나는 너희와 친밀해지고 싶다"고 말씀하실 정도로 그들을 사랑하셨다. 그럼에도 불구하고 이스라엘은 하나님과의 혼인보다 편안함과 안주함을 택하였는데, 그것은 바로 두려움 때문이었다. 그들은 불에 타고 있는 산을 보고는 그것을 거절하였다. 그들은 자신들이 직접 올라가기보다는 모세를 대신 보냈다.

하나님은 친밀한 관계를 맺고자 이스라엘을 선택하셨지만, 이스라엘은 안주하기 위해 하나님과 거리를 두기로 하였다. 당신은 천국에서 가장 중요한 것이 그분의 임재라는 것을 아는가? 천국은 하나님의 임재 때문에 비로소 천국일 수 있는 것이다. 하나님의 영광과의 친밀함의 깊이를 유지하는 것은 천국에서 그러하듯 이 땅에서의 우리의 부르심이다. 개인적인 삶에서 당신은 하나님의 임재에 얼마나 가치를 부여하고 있는가? 많은 사역자들이 하나님께 예배하는 것이 그들의 첫 번째 부르심임에도 불구하고, 그보다는 사람들에게 사역하는 것을 더 사랑한다. 하나님께서는 그분께 예배드리는 장소에 세우시기 위해 레위라는 한 지파를 따로 구별하셨다!

하나님께서는 우리가 그분께 예배드리기를 원하신다. 오, 하나님께서 얼마나 사람들과의 교제와 친밀함을 원하시는지 교회가 알 수 있다면! 하나님과 사람들을 분리시켰던 휘장의 두께는 6인치 정도였다. 거기에는 어떤 틈이나 열리는 부분이 없었다. 그럼에도 불구하고 제사장들은 그 휘장을 통과해 들어갔다. 어떻게 그것이 가능했을까? 오직 초자연적인 방법으로만 가능했다. 오, 하나님의 임재에 들어가는 것 자체가 초자연적인 체험이 필수라는 것을 알 수 있기를! 그래서 우리가 집중의 단계를 지나 명상의 단계로 들어가고, 그리고 완전히 하나가 되는 연합의 단계를 지나 결국 하나님과의 황홀함이 있는 그 장엄한 장소로 들어갈 수 있기를!

> 많은 사역자들이 하나님께 예배하는 것이
> 그들의 첫 번째 부르심임에도 불구하고,
> 그보다는 사람들에게 사역하는 것을 더 사랑한다.

많은 사람들이 하나님의 참된 생명을 한 번도 제대로 경험해 본 적이 없다. 대신 그들은 바깥뜰에 머물며 하나님과의 전적인 친밀함에서 오는 놀라운 축복들을 놓친다. 당신이 마지막으로 하나님과 한 베개를 베고 친밀한 시간을 가졌던 때는 언제인가? 당신이 기혼자라면, 배우자와 함께 누워 도란도란 이야기하고 속삭일 때의 기쁨을 알 것이다.

당신은 언제 마지막으로 하나님께서 당신에게 속삭이시도록 허락해 드리는 달콤하고 친밀한 시간을 가졌는가? 이러한 것들은 하루 아침에 이루어지지 않는다. 대신 기도와 친밀함을 삶의 방식으로 만들 때 이루어진다.

에스더는 왕과의 언약관계로 들어가기 위해 수개월을 기다려야 했다. 그녀는 먼저 준비되어야 했다. 당신에게 한 가지 질문을 하겠다. 만약 당신이 하나님의 영광스러운 임재와 단 하룻밤 마주하기 위해 6개월간 기도로 준비해 왔다면 어떻게 되겠는가?

이것이 바로 그러한 삶이다. 바로 이러한 장소에서 하나님이 우리에게 인 치신다. 이곳에서 그분은 우리와 혼인하신다. 우리에게 영원히 지울 수 없는 표식을 주시는 것이다. 하나님께서 주시는 그분과의 영광스런 조우는 묵상과 기도로 보낸 시간들을 치르고도 남을 만큼 충분히 가치 있는 것이다.

지존자의 은밀한 곳에 거주하며 전능자의 그늘 아래에 사는 자여 (시 91:1)

전능자의 그늘 아래 산다는 것은 하나님의 장막 아래에 들어가는 것을 의미한다. 그렇다면 이 장막은 무엇인가? 유대인들이 결혼할 때는 후파라고 하는 것 아래에서 한다. 이 후파는 일종의 장막으로, 그들이 같이 들어가게 되는 언약을 의미한다. 전능자의 그늘은 바로 이 후파이자 하나님의 임재의 구름인 것이다. 이 안에서 당신은 하나님과의 언약 아래에 서고, 하나님과 혼인하게 되는 것이다.

하나님께서 당신을 그분의 영광과 사랑으로 휘감아 안으시도록 내어드리라. 그분의 문으로 들어가고, 그분의 성소를 두려워하지 말라. 절대로 더 깊은 장소들을 거부하지 말고, 물에 뛰어들 듯 지성소로 들어가라. 하나님의 더 깊은 차원에 대한 갈망으로 이 귀한 묵상의 여정으로 들어가라. 이러한 삶이 맺게 되는 열매는 사람이 일반적으로 겪을 수 있는 것을 훨씬 뛰어넘는다. 당신도 헌신된 묵상기도로 이것을 취할 수 있다.

당신은 천국에서 가장 중요한 것이 그분의 임재라는 것을 아는가?

천국은 하나님의 임재 때문에 비로소 천국일 수 있는 것이다.

하나님의 영광과의 친밀함의 깊이를 유지하는 것은

천국에서 그러하듯 이 땅에서의 우리의 부르심이다.

2장
영성가의 기도

옛 성인들 해석하기

MYSTICAL PRAYER

영성가의 기도는 새로운 것이 아니다. 사실 이것은 아주 오랫동안 존재해 왔다. 그러나 오순절 교단과 은사주의 운동 계열에게 이것은 매우 새로운 것이다. 기도라는 것에 대해 생각할 때, 우리는 주로 방언으로 하는 기도를 떠올린다. 어떤 이들에게는 마음으로 하는 기도와 영으로 하는 기도 두 가지만이 그들이 알고 있거나 익숙한 기도의 방법이다. 그러나 이 두 가지 말고도 더 많은 기도의 방법들이 존재한다.

옛 기독교 영성가들도 기도에 대해 가르쳤지만, 그들의 언어는 그들이 살던 시대의 것이기 때문에 우리가 이해하거나 해석하기에 다소 어려울 수 있다. 따라서 이 장에서는 시간을 들여 이러한 주제에 대해 다루고자 한다.

성령님과의 친밀함

> 주 예수 그리스도의 은혜와 하나님의 사랑과 성령의 교통하심이 너희 무리와 함께 있을지어다 아멘 (고후 13:13)

사도 바울은 성령님과의 신령한 경험들을 잘 설명한 그 시대의 선두주자였다. 그는 보이지 않는 차원에서의 경험을 교제와 교통이라는 단어를 사용하여 묘사하였다. 우리는 그의 서신들을 통해 바울이 그와 영적으로 관계된 사람들에게 성령 안에 더 높은 차원의 친밀한 관계가 있다는 메시지를 전달하려고 노력했음을 알 수 있다.

우리가 주님의 임재에 빠져들기 시작하는 기도의 장소가 있는데, 그곳에서 하나님은 우리에게 말씀하기 시작하신다. 이것은 그저 언어적인 대화가 아니라 영과 영의 대화이다. 위 구절의 교통이라는 단어는 헬라어로 '코이노니아' koinonia 이며, 여기에는 다음과 같은 의미가 있다.

- 임재
- 교제
- 자신을 내어주기
- 참여
- 친밀함

– 교통

이것이 바로 하나님의 영이 우리와 함께 나누기 원하시는 것이다. 하나님께서 우리와 친밀한 관계를 나누기 시작하실 때, 이러한 것들이 일어나기 시작한다. 그 안에서 임재의 교환이 일어나며, 교제와 친밀한 대화가 있다. 하나님께서는 우리와 자신을 나누시고, 우리도 그분과 우리 자신을 나누게 된다. 그렇게 하실 때, 그분은 방관하시는 것이 아니라 완전하게 관여하시고 참여하신다. 기도의 목적인 친밀함의 형성이 이루어지는 것이다. 하나님 나라에서는 친밀함이 가장 중요하다. 그곳에서는 우리가 보는 것보다 느끼는 것이 더 중요하다. 모두가 기도 중에 무언가를 보기 원하는데, 이러한 차원으로 빠져들어 갈 때 때때로 우리는 무언가를 보기 전에 먼저 그분을 느끼고 경험하게 된다.

우리는 너무 성급하게 기도를 시작한 지 5분 만에 천국이 열리고, 바로 예수님과 얼굴과 얼굴을 대면하여 대화하기를 바라기 때문에 낙심하게 된다. 그런데 이러한 방식이어서는 안 된다. 반복된 연습만이 온전함을 이룰 수 있다. 기도는 계속 연습해야 하는 것이다. 캐더린 쿨만은 자신이 하나님의 임재를 연습한다고 말하곤 했다. 당신도 그렇게 할 때, 기도 안에서 하나님과 더욱 위로 올라가게 될 것이다.

우리가 기도로 올라갈 때, 하나님과 그분의 말씀과 반대되는 생각들이 침투하는 것은 매우 일반적이다. 그렇다면 우리가 해야 할 일은 무엇일까? 그러한 생각들을 하나님께 내어드리고, 그릇된 생각의 늪을 계속해서 헤치고 지나가는 것이다. 산만한 생각들은 우리가 앞으로 나아가는 것을 지연시키려고 할 것이다.

하나님의 깊고 놀라운 임재로 들어갔던 옛 영성가들을 생각하라. 그들도 그런 방해들을 경험했을까? 물론이다. 그들도 그날그날 삶의 문제들을 뚫고 나아가야 했을까? 물론이다. 그들에게도 그러한 방해들이 예외는 아니었다. 그들도 당신과 나와 다를 바 없었다. 하나님 안에서 계속 앞으로 나아가는 우리의 부르심은 영원히 지속되는 것이다. 절대로 누군가는 특별한 은혜나 은사로 다른 사람들보다 더 높은 기도의 장소들로 갈 수 있을 거라는 그릇된 생각을 하는 우를 범하지 말라. 절대로 그렇지 않다! 그들도 남들과 동일한 길을 걸어야 했으며, 우리 또한 그래야 한다.

마주함의 비밀

앞에서 나눈 대로, 바울은 하나님 안에서 계속 위로 올라가 높은 장소들에 다다랐다. 그는 황홀경의 장소인 셋째 하늘로 사로잡혀 올라갔다. 여기서 주목해야 하는 것은, 그가 이것을 묘사할 때 아주 흥미로운 말을 했다는 것이다.

내가 이런 사람을 아노니 (그가 몸 안에 있었는지 몸 밖에 있었는지 나는 모르거니와 하나님은 아시느니라) 그가 낙원으로 이끌려 가서 말로 표현할 수 없는 말을 들었으니 사람이 가히 이르지 못할 말이로다 (고후 12:3-4)

이러한 영적인 기도 가운데 다른 사람들에게 말할 수 없는 일들이 일어난다. 이렇게 영적인 체험들이 반복되는 삶을 살게 되면, 하나님께서 다른 사람들과 나누는 것을 허락조차 하지 않으시는 일들이 일어나게 된다. 왜냐하면 그것은 주님께서 우리와 결혼하시는 것이기 때문이다. 만약 당신이 기혼자라면, 남편과 아내 사이에는 둘만 아는 정서적·육체적·영적인 일들이 있다는 것을 알 것이다. 오직 그들만이 알 수 있는 일들 말이다.

때때로 내가 주님과 함께 경험한 것들을 나누려 할 때, 하지 말아야 한다고 느껴질 때가 있다. 왜냐하면 그 일이 민감한 사항이라고 느껴지기 때문이다. 영적인 체험들을 너무 공개적으로 또 자주 나누려고 하는 것의 문제점 중 하나는, 우리가 서로 자기의 경험이 더 대단하다고 경쟁하고 싶은 함정에 빠지기 쉽다는 것이다. 그렇게 되면 서로 비교하게 되고, 그 결과 자신이 다른 이들의 체험에 미치지 못한다고 느끼게 된다. 그리고는 서둘러 다음 차원으로 들어가기 위해 인간적으로 애쓴다.

그러나 이 모든 것은 절대로 인간적으로 애를 쓴다고 해서 일어나지 않는다. 비교의식은 절대로 주님과의 더 깊은 동행에 다다를 수 없다. 대중 앞에서 칭찬을 받기 위해 주님과의 개인적인 만남을 과시

하지 말라! 그분과의 친밀한 교제를 소중히 여기고 나눠야 한다는 감동이 있을 때만 그것을 나눠라. 비교의식으로 인한 정죄의 함정을 털어 버리고, 예수님 안에서 안식하라.

당신이 주님과의 만남을 가지다 보면, 이해하는 데 수개월 혹은 수년이 걸릴 것들을 보고 듣고 경험하게 될 것이다. 나 또한 내가 이해할 수 없는 것을 본 나머지, 그것을 당분간 선반 위에 올려놓고 해석을 보류해야 했던 경우들이 있었다. 예를 들어, 사람들은 흔히 모든 천사가 장발의 미남이거나 하프를 든 날개 달린 작은 천사일 것이라고 생각한다. 그러나 에스겔서나 이사야서에서 그들은 이빨이 달리고, 다양한 얼굴을 가졌으며, 심지어 사자의 용모를 한 생명체로 묘사되었다.

이렇듯 보는 차원에는 무궁무진한 가능성들이 있다. 이것이 당시에는 이해되지 않을 수 있으나 당신의 역할은 꼭 설명하거나 모든 것을 관리하는 것이 아닐 수 있다. 선반에 올려둬야 할 것들은 올려두고, 해석해야 할 것은 해석하라. 그러나 절대로 다른 이들의 체험과 비교하며 자신이 그들보다 어떤 부분이 더 낫거나 부족한지 찾으려 하지 말라.

나는 하나님 안에서의 이러한 깊은 장소들에 대해 그저 설명만 하기보다는, 실제로 사람들이 그러한 장소로 들어갈 수 있도록 기초를 놓고 싶다. 앞에서 서술한 묵상의 단계들을 연습할수록 이 단계들에 더욱 빨리 오를 수 있다는 것을 아는 것이 중요하다. 세상의 짐들을 털어 버리고 그분의 평강과 그분 안에서의 묵상, 결국에는 황홀경에까지 들어가는 것이 더욱 빨라질 것이다. 이와 관련해서 한 가지 당부하고 싶은 것은 매번 더 깊은 단계로 바로 들어갈 수 없더라도 낙심하지 않는 것이 매우 중요하다는 것이다. 이것은 다다라야 하는 목적지가 아니라 그 과정 자체가 더 중요한 여정이라는 것을 잊지 말라.

길

> 내가 어디로 가는지 그 길을 너희가 아느니라 도마가 이르되 주여 주께서 어디로 가시는지 우리가 알지 못하거늘 그 길을 어찌 알겠사옵나이까 예수께서 이르시되 내가 곧 길이요 진리요 생명이니 나로 말미암지 않고는 아버지께로 올 자가 없느니라 (요 14:4-6)

예수님께서는 실제로 하나님의 성막이셨다. 우리로 하나님의 임재로 들어가게 하는 문이신 것이다. 실제 성막에는 바깥뜰, 성소, 그리고 지성소의 세 가지 차원이 있었다. 성막의 첫 문은 '길'이라고 불리었다. 그것을 지나면 '진리'라고 불렸던 성소로 들어간다. 그리고 마지막으로 제사장은 휘장을 지나 지성소로 들어가게 된다. 그는 그 휘장을 돌아 들어간 것도 아니고, 밑으로 들어간 것도 아니며, 위로 넘어간 것도 아니다. 그는 그것을 통과해 들어갔는데, 그곳은 지성소로 불리었다. 그는 휘장을 통과해서 '생명'으로 불렸던 지성소로 들어간 것이다. 지성소 안에서는 시은좌에 피가 뿌려졌다.

시은좌 위로는 두 천사가 맞닿아 있었다. 그곳에는 쉐키나 영광이 임하였는데, 그것은 일부 사람들이 생각하는 것처럼 단순한 불꽃이 아니었다. 사실 그곳은 하늘 문이 열리는 곳이었다. 법궤는 순간이동을 가능케 해주는 장치였다. 역대상과 에스겔서는 이 개념을 더욱 구체적으로 설명한다. 그들은 바퀴 안에 바퀴가 있는 것과 그룹 천사들의 수레를 언급한다. 그 바퀴가 돌면서 제사장은 그 법궤의 문으로 들어가게 되는 것이다.

제사장은 그 문으로 들어가서 시간과 공간의 차원들을 통과하여 달리게 되며, 태초부터 있었던 어린양의 피를 붙들어 백성들의 속죄를 위하여 적용하게 되는 것이다. 어린양은 이미 태초부터 죽임 당하신 바 되었다. 이것은 영원을 꿰뚫는 개념이다. 예수님이 시간이 존재하는 곳으로 오신 것은, 시간이 그분이 이미 돌아가신 것을 몰랐기 때문이다. 그래서 모두가 그분의 희생에 온전히 참여할 수 있도록, 그분의 희생을 경험하고 취할 수 있도록 그분께서 시간이 존재하는 차원으로 오셔야만 했던 것이다. 그러나 구약의 제사장들은 이러한 차원으로 들어가 아직 모두에게 주어지지 않았던 그 희생을 미리 취할 수 있었다.

우리가 이러한 개념들을 이해할 때 알아야 할 것은 모든 구약의 상징과 예표들이 신약에 적용된다는 것이다. 묵상적이고 영성적인 기도에는 다음과 같이 다섯 가지 단계가 있다.

바깥뜰(길)

이곳에서 예수님은 실재가 되신다. 말씀에 의하면, 당신이 이 길이 아닌 다른 길로 오르려 한다면 도둑이며 강도인 것이다. 무당과 주술사가 예수 그리스도 밖에서 이런 영적인 차원으로 들어갈 때, 그들의 무언가는 죽게 된다. 그들은 사람이나 동물을 희생 제물로 바친다. 그러나 우리는 예수의 피로 값을 치른다. 예수님의 보혈로 덮여진 채 영적인 차원으로 들어가는 것이다.

성소(진리)

성소로 들어갈 때, 당신의 생각은 새롭게 되고 밝아진다. 성소에는 등잔대가 있다. 앞에서 나눴듯이, 등잔대는 그것 없이는 볼 수 없었던 무언가를 볼 수 있도록 밝혀 준다. 이곳은 거룩한 성소로, 당신이 이전에 받거나 볼 수 없었던 것들을 보고 받기 시작하는 기도의 장소이다. 말씀이 조명되는 것은 그동안 과소평가되어 온 기도의 한 기능이다. 말씀이 조명되는 것이야말로 당신이 지성소로 들어갈 수 있게 해주는 길이다. 우리는 이 길을 통해 더욱 깊이 들어가게 되며, 동시에 이것은 다음 단계를 열어 주는 열쇠이다.

진설병의 상

진설병의 상은 성막을 위해 두 번째로 지어진 성물로, 지성소에 있는 하나님의 영광이 이 땅을 위해 만들어진 것이다. 이것은 우리가 성찬에 참여할 때 먹는 그 떡으로, 하나님의 성품의 온전함을 상징한다. 진설병은 하나님의 영광을 매우 현실적이고 실제적인 방식으로 진열한 것이다. 금으로 싸여진 상은 천국의 황금빛 영광으로 오실 예수님을 가리킨다. 동시에 그저 보고 감탄만 하는 것이 아니라 만찬에 직접 참여하라고 인류에게 보내 주신 매우 현실적이고 실제적인 육신을 입은 예수님을 의미한다! 우리는 그리스도의 살과 그분의 존재 자체를 먹는 만찬에 참여해야 하는 것이다.

중보

분향단은 성소 안에 있었다. 여기서 향은 달콤한 향으로, 하나님의 코 안으로 들어가는 중보였다. 성경은 우리가 방언으로 기도할 때, 하나님께 비밀을 말씀드린다고 말한다. 방언은 매우 아름다운 중보의 방법이다. 왜냐하면 방언기도는 오직 하나님만 해석하실 수 있는 기도이기 때문이다!

> 방언을 말하는 자는 사람에게 하지 아니하고 하나님께 하나니 이는 알아 듣는 자가 없고 영으로 비밀을 말함이라 (고전 14:2)

믿는 자들에게 방언은 우리의 대화를 사람의 육적인 언어로부터 탈피시켜 하나님과 마음 대 마음의 영적 대화로 직접 만나게 해주는 통로이다. 그렇다면 하나님의 비밀이란 무엇일까? 확대역 성경에서는 이것을 '하나님의 끝없이 깊은 것'이라고 하고, 바울은 '미스테리

온'mysterion이라는 독특한 헬라어를 사용하여 대화의 비밀을 묘사하고 있다. 이 단어는 '성례'sacrament로 번역할 수 있는데, 이로써 우리는 주님으로 만찬한다는 것이 무엇을 의미하는지 알 수 있다.

이 단어가 문자 그대로 의미하는 것은 공의를 베푸실 때 하나님이 여시는 비밀회의를 말한다. 이 회의는 악인들에게는 감추어져 있고, 하나님의 사람들의 눈에만 보이는 것이다. 그리스도 안에는 온갖 종류의 숨겨진 보화들이 있으며, 우리는 방언으로 기도함으로 이러한 비밀들에 접근할 수 있다. 영으로 기도할 때, 우리가 발견하게 되는 하나님 자체에 대한 비밀들이 있는 것이다. 또한 이러한 기도를 통해 우리는 영의 차원들에 관한 비밀들뿐 아니라 이 세상의 기술, 연예, 과학, 정치, 예술 분야에서 아직 일어나지 않은 일들에 대한 비밀들을 발견하게 된다.

하나님께서는 미래에 임할 일들뿐만 아니라, 그러한 일들에 대한 정보로 우리가 무엇을 하기 원하시는지 보여 주신다. 이 모든 것이 방언기도에 자신을 내어드린 자들을 통해 세상에 태어나기 위해 기다리고 있다. 우리가 이렇게 감추어진 비밀을 기도할 때, 그것들은 마치 기밀로 분류되어 봉인된 서류들처럼 영의 차원으로 올라가게 된다. 주님께서 그 기도들을 받으실 때에는 들숨으로 들이마시고, 날숨으로 응답을 불어 주신다. 그러한 응답들은 묵시나 계시의 형태로 우리에게 임하게 되는데, 그런 식으로 이전까지 우리가 알지 못했던 것들이 밝혀지는 것이다!

당신은 실제로 이러한 중보의 장소에 깊이 빠져들 수 있다. 바울은 이것을 말할 수 없는 탄식이라고 표현하였다. 이것은 방언으로 하는 전투기도와는 다른 그 이상의 것이다. 이것은 중보의 깊고 깊은 탄식이다. 하나님께서는 이런 기도들을 숨으로 받으시고, 이러한 예배를 들이마시신다.

지성소(생명)

이곳은 주님의 영광에 참여하는 장소이다. 이곳에서 당신은 그분을 직접적으로 경험하기 시작한다. 지성소에서 당신이 처음 보는 것은 빛이다. 그것은 마치 하나님의 눈이 당신을 지켜보시는 것과 같다. 그 빛을 그냥 쳐다만 볼 것이 아니라 그 안으로 들어가라. 그곳에서 당신은 새로운 차원들로 들어가게 될 것이다. 이 장소에서 당신은 실제로 무언가를 보기 시작하는데, 그것은 마치 어떤 터널이 임해서 당신을 어디론가 데려가는 것과 같다. 이 차원에서 당신은 천사들의 소리를 들을 수도 있다.

이와 관련하여 나의 경험을 나누고자 한다. 한번은 이러한 장소에서 기도하고 있을 때, 영 안에서 들어 올려져 어떤 문 앞으로 이끌렸다. 이 거대한 문에 다다랐을 때, 나는 그곳에 있는 계단을 올라갔다. 계단을 다 오르자 문이 열리며 한 아이를 만났는데, 그 아이는 나와 같이 생겼었다. 순간 나는 큰 충격을 받아 넋을 잃었다. 내가 소화하기에는 너무도 기이한 경험이었다. 마치 과거의 나 자신 속으로 들어가는 것 같은 느낌을 받았다. 나는 "하나님, 이 경험은 도대체 무엇입니까?"라고 물었다.

수년 동안 나는 그것이 천국에서 내 아들을 만난 것이었음을 몰랐다. 아내가 첫째를 임신했을 때, 나는 "남자애가 나오겠군"이라고 말했다. 그리고 아이의 이름을 아내에게 말해 주었다. 내가 그것을 알 수 있었던 것은 이미 그 아이를 본 적이 있기 때문이다. 물론 그대로 이루어졌다. 처음 그 경험을 했을 때에는 아직 미혼으로 아내를 만나기도 전이었다. 때로는 어떤 체험 뒤에 숨겨진 계시가 끝까지 밝혀지지 않기도 한다.

이러한 기도와 체험의 단계들은 삶과 관련된 것들을 가르쳐 준다. 이처럼 깊은 차원에 들어가기 전까지 나는 과학을 별로 좋아하지 않았다. 어렸을 때는 과학 과목을 낙제하기도 했다. 그런데 지금은 양자역학을 가르칠 뿐 아니라 그것을 아주 좋아한다!

2014년 1월에 나는 하나님의 더 깊을 것들을 찾기 위한 시간을 가졌다. 나는 주야로 하나님 만나기를 구하며 그분을 기다렸다. 골방에 갇혀 지낸 지 거의 14일 정도 지났을 때, 한 가지 체험을 하게 되었다. 방은 하나님의 임재로 가득 찼는데, 갑자기 한 천사가 나타났다. 그 천사가 내 손을 잡자 마치 200볼트의 전류가 내 몸을 흐르는 것 같아서 내 몸은 제어할 수 없을 정도로 강하게 진동하였다. 동시에 지식과 정보가 내 안에 차고 흘러넘쳐 이전에는 절대 이해할 수 없었던 과학과 창조에 관한 것들을 저절로 이해하기 시작했다.

나는 그날 어떻게 하나님이 말씀과 소리로 세상을 창조하셨는지 보았다. 그리고 이제는 어떻게 양자역학과 하나님의 영광이 작용하는지 쉽게 이해한다. 성령 안에서 완전히 초자연적인 다운로드가 일어난 것이다. 그해에 나는 하나님의 인도하심으로 아시아의 한 국가에서 최고의 양자물리학자들과 천국의 계시로 알게 된 것들을 나누었다. 오직 하나님만이 이런 일을 가능케 하실 수 있다.

그 일을 통해 기도의 깊은 장소에서 하나님이 우리의 생각을 여셔서 이전까지 이해하거나 가늠할 수 없었던 것들을 할 수 있게 해주신다는 것을 알게 되었다. 이러한 차원에 깊이 들어갈 수 있도록 자신을 내어드리라. 이러한 여정들이 당신을 사로잡게 하라. 기도에 대해 이제껏 알고 있던 개념들을 내려놓고, 당신에게 허락된 깊은 것들에 관한 진리를 취하라. 당신이 하나님을 만날 때, 하나님께서도 당신을 만나시도록 자신을 내어드리라.

하나님 안에서 계속 앞으로 나아가는 우리의 부르심은 영원히 지속되는 것이다.

절대로 누군가는 특별한 은혜나 은사로 다른 사람들보다 더 높은 기도의 장소들로

갈 수 있을 거라는 그릇된 생각을 하는 우를 범하지 말라.

절대로 그렇지 않다! 그들도 남들과 동일한 길을 걸어야 했으며,

우리 또한 그래야 한다.

3장

영적으로 보는 것의 네가지 차원

천상의 체험

{ MYSTICAL PRAYER }

　　　　　　　어느 날 집회에서 사역 중이
던 잔 G. 레이크가 갑자기 들어 올려졌다. 그리고 수천 마일이나 떨어진 병원에 입원 중인 한 남자의 병실에 가게 되었다. 잔 G. 레이크가 그 남자를 위해 기도해 주자 바로 치유되었다. 그리고 그는 즉시 다시 순간이동 하여 집회 장소로 돌아왔다. 그가 '하나님의 전광석화'라고 표현한 영적인 차원을 통해 하나님께서 순간이동 시키신 것이다.

　　잔 G. 레이크에게 이런 일이 일어난 것은 그때가 전부가 아니었다. 한번은 그가 기도모임에서 무릎을 꿇고 중보를 하던 중 전광석화가 임하는 것을 보았다. 또다시 그는 성령 안에서 한 여인이 입원 중인 정신병원으로 이동하였고, 그녀에게 손을 얹고 기도하여 그녀 안에 있던 귀신을 쫓아내었다. 그는 다시 기도모임으로 돌아와 그 자리에 있던 사람들에게 자신이 경험한 것을 말해 주었다. 몇 주 뒤 그가 정신병원에서 그 여인을 위해 기도한 것과 그의 기도로 그녀가 자유케 되어 이성을 되찾았음을 확인해 주는 편지가 오기 전까지, 대부분의 사람들은 그저 그가 정신이 나갔다고 생각하였다.

어떻게 이런 일이 가능했을까? 잔 G. 레이크뿐만 아니라 거듭난 그리스도인이라면 누구나 그분 안에서 살고 움직이며 존재한다. 그러므로 우리는 이 땅의 이동수단에 제한받지 않는다. 우리는 그리스도와 함께 하늘의 처소에 앉혀진 자들이다. 이 말은 우리가 시간과 공간을 초월하는 차원에 존재한다는 것이다.

당신은 얼마든지 시공을 뛰어넘어 이러한 영적인 문들을 통해 이동할 수 있다. 당신이 이런 영적인 차원으로 들어갈 때, 당신의 육신은 절대 지상을 떠나지 않는다. 오히려 당신이 세상을 이동시키는 것이다. 당신이 영적인 차원에서의 이동을 연습할수록 이것은 당신에게 더욱 실제로 다가올 것이다. 어떤 이들에게는 어떻게 그러한 차원으로 들어갈 수 있는지 온전히 이해하기 어려울 수 있다.

때때로 사람들은 이러한 일들이 자신에게는 해당되지 않는다는 느낌을 받는다. 그들은 '천국이 이러한 깊은 장소들에 임하는데, 나는 지금 그곳에 있지 않으니 그곳이 나에게는 해당되지 않나 보다'라고 생각한다. 그러나 그것은 잘못된 생각이다. 나는 이러한 부분에 대해 당신이 스스로에게 관대해지기를 바란다.

우리는 에녹처럼 행해야 한다. 에녹은 365년 동안 하나님과 동행하였고, 그 후 하나님께서 그를 데리고 가셨다. 에녹은 믿음으로 하나님과 동행하기 시작하였다. 여기서 믿음이라는 단어를 주목하라. 이것이 바로 열쇠이다. 성경은 에녹이 옮겨진 것이 에녹의 개인적인 기름부음이나 영광 때문이라고 말하지 않는다. 그가 옮겨진 것은 그에게만 특별한 은혜가 있었거나 그가 남이 알지 못하는 것들을 알았기 때문이 아니다. 성경은 그가 이 모든 것을 믿음으로 행했다고 말한다. 이처럼 우리가 하는 모든 것도 믿음으로 가능하게 되는 것이다. 그것이 모든 것을 여는 열쇠이다. 성경은 이 부분에 대하여 히브리서 11장에서 아주 자세히 설명하고 있다.

어쩌면 첫날 혹은 첫해에는 에녹이 아주 조금만 무언가를 보거나 느꼈을지도 모른다. 그러나 결국 이 땅에서의 마지막 날에는 하나님께서 그에게 "네가 천국의 것을 너무도 많이 가졌구나. 네가 이제는 아주 이곳으로 와야겠다"고 말씀하신 것이다. 에녹은 아마도 신약 시대에 살고 있는 지금의 당신보다 더 적은 이해를 가지고 있었을 것이다. 오늘날 당신에게 가능한 일들이 얼마나 무궁무진한지 생각해 보라!

어떤 이들은 자신이 죽고 나서야 천국과 천국의 차원들을 체험하게 될 것이라고 생각한다. 이런 사고방식으로는 사망이 그들의 구세주이자 초자연적 차원으로 들어가는 문이 되고 만다. 그러나 복음은 그렇게 가르치지 않는다. 앞에서 나눈 것처럼 예수님이 우리의 문이시다! 그분이 초자연적인 차원으로 나아가는 통로인 것이다. 그리고 우리가 그리스도의 문을 통하지 않고 영적인 차원으로 들어가게 되면, 우리 스스로 하나님이 우리에게 복 주시는 것을 막는 것이다.

여기서 말하는 문은 영광의 문이다. 이것은 시간과 공간 속에서 분리된 지점들을 서로 연결해 주는 얇고 긴 터널과 같은 물리적 차원

속의 초자연적 구조물이다.

영으로 보기

어떤 이들은 서로 비교하는 데 사로잡힌 나머지 영 안에서 보는 데 어려움을 겪는다. 다른 이들의 체험에 눈을 고정하면, 하나님께서 하시고자 하는 일을 보는 데 어려움을 겪을 것이다. 에녹과 엘리야는 서로 다른 사람이었지만, 둘 다 병거를 타게 되었다. 주 안에서 그 누구도 아닌 당신 자신이 되라. 당신 안에는 그 누구와도 다른 당신만의 고유한 하나님의 숨결이 있다. 당신과 예수님의 관계만의 고유함과 특별함이 더욱 실제적인 것이 되도록 하라.

영적으로 보는 것에는 우리가 반드시 들여다봐야 할 네 가지 차원이 존재한다. 이와 관련하여 우리가 하지 말아야 할 것은, 우리와 하나님과의 대화를 음성이나 느낌만으로 제한하는 것이다. 분명 우리가 봐야 하는 영적인 것들과 환상들이 존재한다.

1단계) 신성한 대화

히브리어 '하존'chazown은 우리와 하나님 사이의 커뮤니케이션을 의미한다. 이 차원에서는 보이는 것보다는 들리는 것이 더 많다. 이 차원의 가장 큰 축복은 우리의 생각(마음)이 새로워지는 것이다. 이와 관련하여 우리가 알아야 할 것은 우리의 뇌와 생각이 다르다는 것이다. 집회 중에 청중들에게 그들의 생각에 손을 얹으라고 하면, 대부분의 경우 자신의 머리에 손을 얹는다. 그러나 생각은 뇌 속에 있지 않다. 뇌는 중립적인 근육조직일 뿐이며, 생각은 우리의 영과 연결된 것이다. 바울은 "오직 너희의 심령spirit of your mind이 새롭게 되어"라고 하였다(엡 4:23).

그 차이를 아는 것이 왜 중요할까? 왜냐하면 우리의 생각은 시간과 공간을 넘어 하나님의 영적인 차원으로 들어갈 수 있기 때문이다. 우리의 생각은 육적인 뇌나 물리적인 기능에 제한받지 않는다. 하나님과 사람 사이에 대화가 있을 때, 우리의 생각은 하나님 안에 머물게 되어 그분의 말씀을 들을 수 있는 장소에 있게 된다. 하나님의 말씀을 들을 수 있도록 그분께서 우리의 생각 속에 기초시설을 세우시는 것이다.

옛 선지자들은 종종 환상 속으로 들어가곤 했는데, 이때 환상을 의미하는 히브리어가 바로 하존이다. 이것은 외적으로 들리는 하나님의 음성만을 의미하지 않으며, 주님과의 영과 영의 대화를 의미한다. 그들이 하나님의 말씀을 들을 때, 그 말씀을 대언하고 그것이 세상을 구성하게 되는 것이다. 그들은 자신의 영을 그러한 차원과 정렬시켰다. 옛 선지자들이 본 방식을 관찰하고 이해함으로써 우리도 비슷한 방법으로 볼 수 있다. 이것을 연구함으로, 당신도 그것을 하고 풀어내게 될 것이다.

기도 중에 하존 시간이 부족하지 않게 하라. 하나님과의 신성한 대화로 들어가기 전에 기도를 중단하지 말라. 하나님의 말씀이 빛나기 시작하고 당신의 말이 줄고 묵상이 더 길어질 때, 기도를 중단하지 말고 당신의 영이 하나님과의 대화에 스며들어가게 하라. 여기에서는 더 이상 말이 오가는 것이 중요하지 않다. 이 단계는 단어가 필요 없는 영과 영의 대화이다.

사람들과의 관계에서도 이렇게 서로 말이 필요 없는 대화를 경험할 수 있는데, 이것이 바로 영적인 교제이다. 때론 처음 만나는 사람과 즉각적인 교감을 느낄 수도 있다. 이것은 오직 하나님만이 연결하시고 정렬하실 수 있는, 언어를 뛰어넘는 대화인 것이다. 이러한 달콤한 연결은 수평적이기보다는 우리와 아버지 사이의 수직적인 관계이다.

우리는 이 세상에 태어난 후 대화하는 법을 배운다. 대화의 모든 면과 대화할 때 해야 할 것과 하지 말아야 할 것 등을 배운다. 이와 같이 하늘 아버지와의 신성한 대화로 들어갈 때에도 우리가 배워야 할 것이 많다. 니고데모는 예수님을 만나 비밀스러우면서도 흥미로운 대화를 하였다.

> 그런데 바리새인 중에 니고데모라 하는 사람이 있으니 유대인의 지도자라 그가 밤에 예수께 와서 이르되 랍비여 우리가 당신은 하나님께로부터 오신 선생인 줄 아나이다 하나님이 함께 하시지 아니하시면 당신이 행하시는 이 표적을 아무도 할 수 없음이니이다 예수께서 대답하여 이르시되 진실로 진실로 네게 이르노니 사람이 거듭나지 아니하면 하나님의 나라를 볼 수 없느니라 (요 3:1-3)

예수님께서 우리가 거듭나기 전에는 하나님 나라를 볼 수 없다고 하신 점을 주목하라. 이것을 다른 말로 하자면, 우리가 구원받기 전에는 하나님 나라를 볼 수 있는 시각적인 차원에 이를 수 없다는 것이다. 이러한 거듭남의 경험을 통해 우리는 하나님이 영적인 세계에서 하시는 일들을 직접 목격하게 된다. 영적인 교육과정에서 지름길로 가지 말고, 당신이 거듭나 속하게 된 하나님 나라와 영적인 차원을 충분히 둘러보라!

영적으로 자라나기

보통 아이가 태어나면, 당장 어떻게 숨을 쉬어야 하는지 모르기 때문에 의사가 아이의 엉덩이를 때린다. 그때까지만 해도 아이가 바깥세상에 한 번도 나와 보지 않았기 때문이다. 의사가 아이를 때리다니, 뭔가 잘못된 것 아닌가? 그렇지 않다. 그런 행동이 오히려 아이를 살리는 것이다. 그러면 아이는 갑자기 숨을 쉬기 시작하고 울음을 터뜨린다. 그때까지만 해도 다른 차원에 있었기 때문에 숨을 어떻게 쉬는지 모르기 때문이다. 그리고 아이가 자라면서 걷고, 말하고, 대화하고, 스스로 무언가를 할 수 있게 되는 것이다.

영적인 세계에서도 이와 동일하다! 영적인 세계에서 자신이 어리다고 걱정하지 말라. 그저 하나님께서 당신을 성장의 단계로 이끄시도록 내어드리라. 그러면 새로운 개념과 차원들로 당신을 흔들어 깨워 주실 것이다!

하나님께서는 당신을 만나 주시고, 새로운 장소들을 보여 주실 것이다. 그리고 그곳에서부터 당신은 또 다른 영적 성장과 발전의 단계로 나아가게 될 것이다.

당신을 위해 또 다른 예를 들어 보겠다. 나는 낚시를 좋아하는데, 물고기들은 오직 한 가지 차원만 이해한다. 그것은 바로 물 안에서 앞뒤로 혹은 양 옆으로 헤엄치는 것이다. 그런데 내가 물고기를 한 마리 잡는다면, 그 물고기는 지금껏 본 적 없는 또 다른 차원을 경험하게 되는 것이다. 갑자기 익숙했던 차원 밖으로 나오게 됨으로써 어떻게 호흡해야 하는지, 혹은 어떻게 행동해야 할지 모르게 된다.

마찬가지로 거듭남의 체험 없이 영적인 체험을 추구하는 자들은 물 밖으로 나온 물고기와 같다. 그들이 겪을 수 있도록 창조된 차원이 아닌 새로운 차원을 경험하게 되는 것이다. 그러나 우리는 구원을 통해 새로운 영적 차원의 풍성함을 경험할 수 있도록 무장되고 준비된 새로운 피조물이 된다.

신비 사술에 몸담은 사람들은 영적인 차원을 경험할 수 있다. 그리고 거듭난 크리스천들도 영적인 차원을 경험하도록 부름 받았다. 여기서 차이점은 무엇을 통해 그 차원으로 들어가느냐이다. 최근 몇 년 사이 아마존 주술사들 사이에서 비밀리에 환각약물을 사용하여 의식을 치르던 고대 주술 행위가 다시 고개를 들고 있다. 이러한 주술의식은 이제 전 세계로 퍼지고 있다.

디메틸트립타민dimethyltryptamine, DMT은 아야후아스카라는 식물성 혼합물의 주성분으로, 이것을 흡입하면 LSD나 케타민, 혹은 매직 머슈룸 등의 환각제보다도 더 강력한 환각적 '여행'을 할 수 있다. 이 식물성 물질을 사용하면, 수분 내에 다른 차원으로 들어가게 된다. 대부분의 사용자들은 제정신으로 돌아온 후 그들의 경험을 정확히 묘사하는 데 어려움을 느끼면서도, 모두가 공통적으로 의심의 여지 없이 자신이 더 높은 차원의 지식을 가르쳐 주는 외계인과 조우하였다고 한다. 이러한 체험들을 통해 사고가 왜곡되는 경험을 해본 이들은 이러한 존재들로부터 삶에 대해 배우기 위해 DMT를 계속 사용하게 된다.

이러한 '영적 가이드들'은 사용자들에게 사람의 말로 형언할 수 없는 아름다운 것들을 보여 주고, 사람의 언어를 넘어선 세계에서 사람들과 대화한다. 그들은 우리가 사는 3차원을 넘어선 곳들의 존재와 사후세계에 관한 다양한 주제들을 말해 준다. 크리스천으로서 우리는 이러한 존재들이 누구인지, 또 그들이 타락한 인류와의 만남을 통해 무엇을 하려 하는지 안다.

창세기 6장에서 이러한 타락한 존재들에 관해 대략적으로 묘사하고 있지만, 에녹서는 그들에 관해 더욱 자세히 설명하고 있다. 에녹서는 타락한 천사들의 리더가 '아자젤'이라는 이름을 가졌다고 하는데, 그는 동시에 루시퍼, 즉 '빛을 지닌 자' 혹은 루미엘, '하나님의 빛'으로 불리는 자다. 아자젤은 사람들에게 칼과 방패 그리고 흉갑을 만드는 법을 가르치고, 금속 제련법과 여러 가지 금속을 캐내고 사용하는 법을 알려 주었다. 또한 여성들에게는 어떻게 귀금속이나 보석으로 팔찌나 장신구, 반지, 목걸이 등을 만드는지, 어떻게 하면 그들의 속눈썹을 예쁘게 보이게 할 수 있는지, 이성을 유혹하기 위해 어떻게 화장을 이용하는지 등을 가르쳐 주었다.

에녹은 그의 이런 행위들을 통해 사람들이 우상숭배와 간음을 행하고, 많은 죄악이 퍼지게 되며, 곁길로 나아가 타락하게 되었다고 한다. 에녹에 의하면 타락한 천사 중 아자젤의 또 다른 형상 중 하나인 세미야자는 뿌리꽂이와 마술을 가르쳐 주었으며, 샴시엘은 태양의 징조를 읽는 법을, 바라키잘은 점성술을, 페네뮤엘은 쓰고 읽는 법을, 코카비엘은 천문학을, 하자키엘은 구름과 하늘에 관한 지식으로 점 치는 법을, 사리엘은 달의 운행 원리를 파악하여 원예나 농사에 적용하는 비밀한 지식을, 카시데잔은 질병을 진단하고 치유하는 의학을 가르쳤다고 한다.

의심할 여지없이 오늘날 이 땅에는 예수님께서 말세에 대해 말씀하신 대로 큰 미혹이 일어나고 있다. "노아의 때와 같이 인자의 임함도 그러하리라"(마 24:37).

우리가 반드시 이해해야 할 것은 영적인 세계로 들어가려면 예수 그리스도라는 문을 통해야만 한다는 것이다. 그렇지 않다면 우리에게는 보호가 없게 되어 타락한 마귀들에게 완전히 속게 될 것이다. 분명히 말하지만, 그리스도의 보혈을 통하지 않고 영적인 세계를 추구하는 것은 매우 위험하다. 우리의 통로는 순결한 하나님의 방법이지 주술이나 마법, 신비 사술 등이 아니다.

2단계) 밤의 환상들

우리가 밤에 잠들기 시작할 때, 그리고 꿈을 꾸고 깨어날 때 보게 되는 환상은 꿈이라기보다는 밤의 환상이다. 차이점은 이것이다. 꿈을 꿀 때는 우리가 여전히 육신 안에 있지만, 밤의 환상을 볼 때는 영적인 세계를 여행하고 있는 것이다. 따라서 밤의 환상을 경험하고 일어나면, 종종 몸에 진동을 느끼게 된다.

시편 84편 7절은 "그들은 힘을 얻고 더 얻어 나아가 시온에서 하나님 앞에 각기 나타나리이다"라고 말한다. 계시록에 의하면, 하나님의 시온성에는 열두 개의 문이 있다. 환상 중에 들려진 모두가 다 천국으로 들려지는 것은 아니다. 영적인 세계에는 다양한 차원과 장소들이 존재한다.

밤의 환상 중에 영적인 세계로 들어가게 되면, 하나님께서 당신을 이러한 영적인 차원들이나 이 땅의 다른 장소로 데려가실 것이다. 그곳에서 당신은 영원한 차원 안에 있게 되는 것이다. 미래로 이동할 수 있는 능력을 얻어 후에 '와, 전에 이곳에 와본 적이 있어'라고 생각되는 경험들을 하는 것이다. 당신이 과거에 잠든 중에 이미 그곳에 가본 적이 있기 때문이다.

밤의 환상으로부터 깨어나게 되면, 잠시간 영으로 기도하라. 그렇게 기도하는 동안 그것이 당신의 기억에 남도록 하라. 안타깝게도 대부분의 사람들이 꿈을 꾸거나 밤의 환상을 보고 나면, 그것에 대해 기록하거나 기도하거나 묵상하지 않는다. 심지어 그것을 기억에 남기지 못한 나머지 잊게 된다. 지금도 많은 사람들이 이미 영적인 세계를 여행하고 있으며, 다음날 마치 밤중에 어딘가에 다녀온 것만 같은 느낌을 받으며 깨어난다. 이러한 경험들을 기억에 남겨 주어진 것들을 충분히 다 취하기 위해서는 어느 정도의 노력이 필요하다.

어느 날 밤, 나는 친구와 같이 한 스튜디오로 가는 체험을 하였다. 그곳에 임한 영광의 임재가 너무도 강하였지만, 내 친구의 얼굴을 볼 수는 없었다. 단지 그 친구가 연주를 하며 임재찬양 CD를 녹음하고 있는 것을 볼 수 있었다. 그 순간 정신이 다시 들면서 그 환상이 떠나려고 하였다. 나는 "안 돼! 이것을 도적질 당할 수 없어"라고 하며 그 경험을 기억 속에 남기기 위해 기도하였다. 나는 영으로 기도하면서 내가 본 환상에 집중하였다. 그러자 그 기억이 되돌아오면서 내 방으로 다시 환상이 임하였다.

다음날 나는 친구에게 연락해서 "네가 임재찬양 CD를 하나 더 녹음하려고 생각 중인 것을 보았어"라고 하며 전날 밤 환상 중에 본 것을 이야기하였다. 그러자 그 친구는 "네가 본 것이 얼마나 정확한지 아마 모를 거야. 나는 실제로 최근에 그런 생각을 하고 있었어. 네가 본 것이 내가 정말 이것을 해야 한다는 아주 큰 확증이 되었어"라고 말해 주었다.

그날 밤 일어난 일은 친구가 그 일을 시작하기 위해 격려와 은혜를 받을 수 있도록 미래로 가서 그가 앞으로 해야 할 일을 환상으로 보고 현재로 가져온 것이다. 음반을 녹음하는 것은 큰 프로젝트이며, 많은 재정을 필요로 한다. 때문에 어쩌면 그의 이성이 하나님이 원하시는 것과 씨름 중이었거나 그 일을 시작하기 위해 예언적인 시각이 필요했을 수 있다. 이처럼 하나님은 어떤 일을 수행하시기 위해 우리에게 밤의 환상을 주신다.

우리가 그리스도 안에서 살고 움직이고 존재할 때, 그분의 성품을 닮게 된다. 우리가 그리스도 안에 있기 때문에 원하는 때에 언제, 어느 곳이든 갈 수 있는 능력을 얻게 되는 것이다. 그리스도는 무소부재하시다. 동시에 모든 곳에 존재하시는 것이다. 그런데 마귀는 자신은 그렇게 할 수 없기 때문에 우리를 증오하는 것이다! 그리스도 안에서 우리는 이전까지 물리적으로 갈 수 없었던 장소들에 갈 수 있게 된다. 그렇기 때문에 바울은 "주 예수의 이름으로 너희가 내 영과 함께 모여서"(고전 5:4)라고 말한 것이다.

이것이 그저 수사적인 표현이었을까? 그렇지 않다. 그는 마땅히 그리스도의 상속자로서 이미 이러한 차원들로 들어가고 있었던 것이다. 우리의 육신도 동시에 두 장소에 있을 수 있다. 우리는 옛 영성가들이 이미 이러한 것을 경험한 것을 여러 자료들을 통해 알 수 있다.

나는 종종 다음날 해가 뜰 때까지 기도하며 밤을 새곤 한다. 하룻밤은 기도의자에 앉아 깊은 기도 중에 황홀경으로 들어갔다. 그날의 경험은 이미 공개한 것이기에 여기서 나누고자 한다. 내용을 간추리자면, 이 영적 체험에서 나는 김정은과 그의 동생인 김여정을 만났다. 이것은 그들과 내가 북한의 비핵화에 대해 이야기를 나눈 비밀회의였다. 그 자리에는 도널드 트럼프 대통령을 비롯한 몇몇 주요 지도자들도 함께 있었다.

우리는 평화에 대해 이야기를 나눴다. 심지어 나는 그에게 복음을 전하였다. 그러자 그는 흐느끼기 시작하였고, 과거의 행적들과 그의 나라에서 행해진 일들을 회개하였다. 우리는 같이 기도하였는데, 그때 어떠한 변화가 일어났음을 알 수 있었다. 잠시 후 장면이 바뀌며 그가 남한으로 들어오는 것을 보았다. 그리고 나는 집으로 돌아왔다. 그 경험은 내가 이제껏 한 번도 느껴 보지 못했던 것으로, 마치 미래로 가서 그곳에 동시에 존재하는 듯한 느낌이었다.

다음날 아침, 나는 그날 밤 경험했던 것을 선포하였다. 그러자 많은 이들이 어떻게 그런 일이 일어날 수 있느냐고 하였다. 그들은 김정은이 절대로 남한을 방문해서 평화를 거론할 리가 없고, 그저 내가 정신이 나간 거라고 생각했다. 그때까지만 해도 김정은이 도널드 트럼프와 만난다는 것은 상상도 할 수 없는 일이었다. 그런데 며칠 후 무언가가 진행되고 있다는 소식이 발표됐다. 그리고 한 달이 지나 우리는 김정은이 남한으로 걸어들어 오는 것을 볼 수 있었다(2018년 4월 27일 – 역자 주). 마침내 그날이 왔고, 김정은은 도널드 트럼프와 얼굴을 맞대고 내가 환상으로 본 바로 그 주제를 이야기하였다. 하나님께서는 나를 미래로 보내셔서 세상을 바꿀 역사적인 현장에 있게 하신 것이다.

확증과 학습

어떤 이들에게는 이러한 일들이 받아들이기 어려울 수 있다. 한

번은 어떤 교회에서 이러한 내용을 주제로 사역을 하고 있었는데, 마침 당시 그 지역에 심한 가뭄이 지속되고 있었다. 4주 동안 비가 한 번도 내리지 않았으며, 기온은 계속해서 38도 안팎을 맴돌았다. 그날은 아주 심하게 건조한 날이었는데, 설교 중간쯤에 나는 이렇게 선포하였다. "오늘 제 설교가 끝난 후에 하늘에서 비가 양동이로 퍼붓듯이 쏟아지게 될 것이고, 이것으로 하나님께서 오늘 제가 선포한 말씀을 확증해 주실 것입니다!!"

예배가 끝난 후 우리는 식사를 하기 위해 한 식당으로 갔다. 그때만 해도 비는 한 방울도 오지 않았다. 그러나 식사 중간에 하늘에 크고 검은 구름이 보이기 시작하였다. 그 교회 목사님은 밖을 보더니 놀라서 포크를 떨어뜨렸다. 비가 쏟아질 것을 이미 알고 있었던 나는 식사를 가능한 한 빨리 마치기 위해 서두르고 있었다. 내가 떠나려고 하자 목사님이 이렇게 말하였다. "지금 떠나시면 안 됩니다. 이것은 부흥입니다. 우리는 집회를 연장해야 합니다!" 그 말에 나는 이렇게 대답하였다. "이 비는 하나님의 비가 임한다는 표징입니다." 나는 급하게 나와서 그 지역을 벗어나기 위해 서둘러서 운전하였다.

비는 곧 쏟아지기 시작하였다. 내가 선포한 대로, 마치 양동이로 퍼붓듯이 비가 왔다. 비가 너무 많이 온 나머지 나는 운전하다 말고 차를 길가에 세워야만 했다. 나는 흥분한 채 제프 젠슨 목사님께 전화를 걸었다. "목사님, 이곳에 4주 동안 비가 오지 않았어요. 그런데 제가 집회 중에 비가 양동이로 퍼붓듯이 쏟아질 거라고 예언하였는데, 지금 비가 너무 많이 와서 차를 세웠어요." 그러자 제프 젠슨 목사님이 "그러면 지금 비에 고립되어 있나요?"라고 물어보았다. 내가 "예"라고 대답하자 재치가 있는 목사님은 "다음번에는 목사님이 그 지역을 떠난 후에 비가 내릴 것이라고 예언하세요"라고 하였다.

나는 이것을 그저 하나의 예화로 가볍게 이야기하는 것이 아니라 하나님이 하시는 일은 그분께서 확증하시고 증명하신다는 것을 말하는 것이다. 그뿐만 아니라 하나님께서 영적인 차원에서 하시는 일은 우리가 반드시 배워야 한다. 그렇게 될 때, 마침내 이 모든 일이 그분 안에서 우리에게 허락되는 것이다. 하나님은 우리에게 무언가를 주심에 있어서 아끼는 분이 아니시며, 오히려 거저 주시는 분이다.

하나님 나라에는 우리가 배울 것이 너무도 많다. 이 세상의 예를 보아도, 의사들이 의학을 연구한다고 해서 그들이 의학을 전부 마스터했거나 의학 분야와 관련된 모든 것을 통달한 완벽한 전문가들은 아니다. 그럼에도 불구하고 사람들은 의술을 행하는 의사들을 찾아가는 것에 거리낌을 느끼지 않는다. 그러나 우리는 초자연적인 일을 연습하는 것을 문제 삼는 경향이 있다. 우리가 하나님 안에서 하는 모든 것에는 연습과 학습이 필요하다! 이러한 사실이 우리를 멈추게 해서는 안 되며, 오히려 그러한 것들을 더 추구하게 하는 동기가 되어야 한다. 이러한 차원들에는 우리가 배우고 확장되도록 주님께서 부어 주시는 풍성한 은혜가 있다.

하나님께서는 지금 기적의 차원을 취해서 영적으로 묵상하는 차원과 통합하고 계신다. 다시 말해서, 우리가 경험한 기사와 이적과 표적들이 영적으로 보는 것, 다른 차원들로 이동하는 것과 서로 연결되는 것이다. 하나님께서 이러한 일을 하시는 이유는 영성을 추구하는 사람들이 그들이 본 것에 대해 말하지만, 그것이 하나도 실제로 이루어지지 않아서 문제가 되고 있기 때문이다. 그러다 보니 듣는 이들의 마음에 의심이 생기게 된다.

하나님께서는 영적인 세계에서 볼 뿐만 아니라 그것을 능력의 은사로 이 땅에 드러내는 교사들과 기적을 행하는 자들을 일으키고 계신다. 지금 이적을 행하는 자들의 무리가 그리스도의 지체들이 이러한 차원들로 행할 수 있도록, 그저 볼 뿐만 아니라 그것을 현실로 가져올 수 있도록 가르치기 위해 일어나고 있다! 이 일은 반드시 일어난다. 당신의 영은 이미 천국의 처소들에 있으며, 육신은 당신을 이 땅에 고정시키는 닻이다. 그리고 당신의 혼은 그 두 장소를 넘나들 수 있다.

하나님께서는 단순히 혼적으로 초자연적인 세계를 인식하는 단계에서 그것을 지금 바로 이곳의 현실로 가져오는 단계로 우리를 옮기고 계신다. 치유하시는 예수님의 환상을 그저 보기만 하는 것에서, 이제 사람들이 예수님의 치유의 능력이 병든 자들의 몸에 실제로 나타나게 할 것이다.

무엇이든 이 땅에 실제로 이루어지면 증명이 된다. 그렇기 때문에 예수님께서도 "내가 아버지 안에 거하고 아버지께서 내 안에 계심을 믿으라 그렇지 못하겠거든 행하는 그 일로 말미암아 나를 믿으라"(요 14:11)고 하신 것이다. 다른 말로 하자면, 의심 많은 자들은 우리의 말은 믿지 못한다 해도 실제로 일어나는 기사와 이적은 믿을 여지가 있다는 것이다. 어차피 우리는 모두가 우리를 믿게 할 수는 없다. 이러한 영성에는 항상 믿지 않는 자들이 있기 마련이다. 나는 다양한 경험을 통해 의심하는 자들과는 논쟁할 필요조차 없다는 것을 배웠다.

존 아놋 목사님은 자신이 행한 가장 큰 실수 중 하나가 비난하는 자들의 질문에 일일이 답변해 준 것이라고 하였다. 그는 절대로 비난하는 자들을 상대하지 말았어야 했다고 하였다. 그들은 해답을 찾는 것이 아니라 그저 비난할 꼬투리를 찾고 있는 것이다. 그렇기 때문에 비난하는 자들은 예수님 시대에도 그분의 말로 꼬투리를 잡으려 하였다. 그들은 자신의 생각을 바꾸려고 한 것이 아니라 그리스도께서 생각을 바꾸시기 원했다. 그들의 지적은 배움이 목적이 아니었다. 그것은 그저 헐뜯고 무언가 또 다른 잘못을 찾아내기 위한 것이었다.

내가 생각하기에 앞으로 10년 안에는 이러한 일들이 상식적인 일이 될 것이다. 우리는 그저 말씀 안에 있는 것들을 밖으로 끄집어 낼 뿐이다. 성경의 하나님께서 말씀 속에서 역사하신 그대로 우리를 만나 주시도록 그분께 내어드리는 것이다. 예를 들어, 신학자들은 이사야 6장의 말씀을 그러한 경험을 한 번도 해보지 않은 채 신학적으로 설명하려 할 것이다. 우리가 경험해 보지 못한 것을 어떻게 설명할 수 있겠는가? 그렇지만 하나님께서는 우리가 성경에서 본 내용들을 직접 경험하게 하시고, 그것을 통해 성경에 있는 내용들을 제대로 이해할 수 있게 하신다.

내가 분명히 하고자 하는 것은 이러한 영적인 체험들이 이 땅에서 실제적으로 행해져야 한다는 것이다. 그저 영적인 차원에서 원수를 퇴치했다고 말만 할 것이 아니라 가서 가난한 자들을 먹이고, 헐벗은 자들을 입히며, 영혼을 구하고, 마귀를 내어 쫓으며, 고통당하는 자들을 돌보라. 나는 기도 중에 영적인 체험을 함으로써 길거리의 상한 자들을 만나 그들의 상처를 싸매 주고, 그들의 얼굴에 입맞추며, 그들이 다시 일어설 수 있도록 필요한 것을 주고, 이 땅에서 실제로 열매 맺을 수 있는 능력을 얻는다. 그것은 예수님을 위해 세상을 뒤흔들 수 있도록 능력을 주시기 위함이지, 그저 개인 소장용으로 수집하라고 주시는 몽환적인 경험이 아니다.

3단계) 황홀경의 차원

황홀경의 히브리어는 '마라'이다. 이것은 바울이 하늘로 들어 올려져 차마 말로 표현할 수 없는 것들을 본 대목에 잘 나타난다. 황홀경과 앞에서 말한 밤의 환상과의 차이는, 황홀경은 깨어 있을 때 겪게 된다는 것이다. 황홀경은 밤의 환상보다는 조금 차원이 높은 것이다. 왜냐하면 황홀경의 차원에서는 우리의 의식이 깨어 있기 때문이다. 많은 사람들이 밤의 환상을 보게 되는 이유는 그 순간 그들의 뇌의 스위치가 꺼져 있기 때문이다. 이성적인 생각의 코드가 뽑히면, 하나님께서 그들을 영적인 장소로 데리고 가시는 것을 더 이상 가로막지 않게 된다.

황홀경의 차원은 안식을 통해 들어갈 수 있다. 성경은 우리가 안식에 들어가기를 힘써야 한다고 말한다. 무엇보다도 안식하기에 힘쓰

라. 많은 사람들이 환상을 보려고 애쓰지만, 바로 이런 이유 때문에 보지 못하는 것이다. 대신 안식하기 위해 힘쓸 때, 천국의 모든 것이 다운로드되기 시작한다.

이 기도의 차원에서는 마치 당신이 잠드는 것처럼 느끼기 시작할 것이다. 그런데 대부분의 사람들이 이것을 꾸짖거나 떨쳐 버리라고 가르친다. 그래서 많은 이들이 잠들어 있는 상태에서 깨어 있기 위해 벌떡 일어나 방언으로 기도하며 전투하는데, 정작 황홀경의 차원의 축복들을 놓치는 것이다. 그들의 영의 의지가 그들을 이끌 수 있도록 뇌의 스위치가 꺼지는 과정을 놓치게 되는 것이다. 이때는 마치 잠드는 것과 같이 느껴질 수 있지만, 사실은 그렇지 않다. 나는 이러한 사실을 혼자 기도하다가 우연히 알게 되었다.

20대 시절 어느 날, 나는 열심히 기도하다가 매우 피곤해졌다. 그래서 예수님께 이렇게 말씀드렸다. "예수님, 이렇게는 더 이상 못하겠습니다. 더 이상 이것을 꾸짖지 못하겠습니다. 노력을 하고 있지만, 너무 피곤합니다." 그러자 갑자기 황홀경의 상태로 들어가게 되었다. 나는 잠이라고 느껴지는 것을 꾸짖고 있었지만, 사실은 황홀경으로 들어가고 있었던 것이다. 그러니 대적하지 말고, 그것에 자신을 맡기는 법을 배우라.

안식하기 위해 힘쓸 때,
천국의 모든 것이 다운로드되기 시작한다.

마라의 차원에서는 보이는 영역이 임하기 시작한다. 그러면 눈에 보이지 않던 것들이 보이는 경험을 하게 된다. 눈에 보이지 않는 차원은 사실 눈에 보이는 차원보다 더 실제적이다. 왜냐하면 실제로는 눈에 보이지 않는 차원이 현실세계를 구성하고 있기 때문이다. 이 차원에서는 모든 것이 홀로그램처럼 되어 있다. 이곳에서 당신은 사물을 통과해서 손을 넣거나 걸어서 지나갈 수 있다. 그것은 영적인 물질로, 볼 수는 있지만 감각적으로 느껴지지는 않는다.

4단계) 실제화의 차원

'마레'라고 불리는 차원으로 들어가기 전까지는 환상의 내용들이 물리적으로 실제화되지는 않는다. 이 단어는 눈앞에 있는 것을 실제 물리적으로 만질 수 있음을 의미하기 때문에 '마라'라는 히브리어와는 조금 다르다. 이 차원에서는 영적인 세계에서 본 것들이 현실세계의 것들만큼 사실적이어서 환상 속의 사물들을 손을 뻗어서 만질 수 있다. 이것이 바로 밧모 섬의 요한에게 임했던 차원이다. 그가 실제화의 차원에 들어갔던 것이다. 그는 그리스도의 발앞에 마치 죽은 자 같이 되었는데, 그것은 그가 바로 이 마레의 차원에 있었기 때문에 그렇게 느낀 것이다. 마레는 우리가 이 땅의 현실세계에서 보는 것과 똑같이 실제적인 차원을 의미한다.

내가 분명히 하고 싶은 점은 물에 뛰어들 듯 이러한 차원들로 들어갈 때, 그러한 경험을 우리가 통제하려고 하는 것도 아니며 우리가 원하는 특정한 경험을 주술 부리듯 소환하는 것도 아니라는 것이다. 우리가 영적인 경험을 통제하고 조종하려 한다면, 그것은 곧 주술 행위인 것이다. 우리는 그저 하나님께서 그분이 기뻐하시는 여정으로 우리를 이끄시도록 자신을 내어드리고 허락해 드려야 한다.

열여덟 살 때, 나는 예수님으로부터 멀어졌다. 부모님은 주님을 사랑하셨지만, 나는 세상으로 나아가 어둠 가운데 있었다. 마약중독자들은 더 크고 강한 환각을 경험하고 싶어 한다. 그래서 나는 그러한 갈망을 가지고 하나님께 나아가 이렇게 말하곤 하였다. "하나님, 저는 그저 당신을 보고 싶습니다." 나는 그분 앞에 앉아 이러한 차원들로 들어가기를 힘썼다.

우리는 반드시 하나님을 신뢰해야 한다. 그런데 하나님 또한 우리를 신뢰하기 원하신다는 것을 아는가? 어떤 사람들은 하나님의 신뢰를 얻지 못해서 이러한 영적인 체험들을 하지 못한다. 예를 들어, 바울은 천국을 보았으나 그것을 말할 수 없었다. 만약 하나님께서 당신을 들어 올리셔서 모세와 함께 커피를 마시고 바울과 함께 대화를 나누게 하기 원하시는데, 대신 그 경험을 조금이라도 다른 사람들에게 말하는 것이 허락되지 않는다면 어떻게 하겠는가? 종종 어떤 것들은 너무도 귀한 나머지 우리가 언급하는 것이 허락되지 않는다. 우리는 자신이 겪은 영적인 체험들을 그 일을 겪자마자 나가서 모두에게 말하는 대신, 하나님의 타이밍을 기다리는 법을 배워야 한다.

더 받기 위한 열쇠

내가 사역 중에 처음으로 기사와 이적을 보기 시작했을 때는 아주 조금만 경험하였다. 나는 그것을 더욱 경험하기를 간절히 원했다. 하루는 조슈아 밀즈와 같이 있었는데, 그가 나에게 더 많은 것을 풀어낼 수 있는 열쇠를 주었다. 그는 이렇게 말했다. "더 많은 기사와 이적과 표적을 보게 하는 열쇠를 원하시나요? 그것은 바로 감사하는 것입니다." 그것은 나의 삶을 완전히 바꿔 놓았다. 그때부터 내가 보는 작은 것들에 대해 하나님께 감사하기 시작했고, 그러자 하나님께서 더 주셨다. 감사가 더 큰 증가로 가는 통로가 된 것이다.

보석들이 나타나는 것으로 시작해서 더 많은 기사와 이적이 집회 중에 나타나기 시작했다. 특별히 2016년 2월 28일을 절대 잊지 못한다. 그날은 감사에 대해 정말 많은 것을 배운 삶의 전환점과 같은 날이다. 그날 사역을 하기 위해 서 있을 때, 갑자기 황홀경으로 들어갔다. 내가 있던 장소가 사라지고 천국이 열린 것이다. 나는 천국의 차원으로 들어가기 시작했으며, 그곳에서 금빛 기름으로 가득 찬 수정 그릇을 보았다. 그 기름은 마치 비처럼 쏟아지기 시작하였고, 나는 그것을 감탄하며 보고 있었다. 그리고 그 금빛 빗방울들이 천국으로부터 지상에 내리는 것을 보았다. 나는 그 자리에서 내가 보고 있는 것에 대해 큰 소리로 외쳤다. "이곳에 비가 내리고 있습니다. 황금빛 비가 내리고 있습니다!" 그 환상이 끝나자 나는 다시 집회 장소로 돌아왔고, 나에게 보여 주신 것으로 인해 하나님께 감사드렸다.

나는 아내 브린과 함께 기도하기 위해 사람들로 집회 장소를 가로질러 줄을 서게 하였다. 우리가 같이 한 사람 한 사람 손을 얹어 기도하기 시작하자 한 여인에게 다다를 때까지 하나님의 능력이 더욱 증가하는 것을 느꼈다. 그리고 우리가 그 여인에게 손을 얹을 때, 하나님의 번개가 몸을 통과하는 것을 느꼈다. 그리고 그녀는 격렬하게 진동하였다. 그처럼 강력한 나타나심을 미처 예상하지 못한 안내 요원은 그녀를 잡아 주지 못했다. 결국 그녀는 성전 바닥에 세게 넘어졌다. 그녀가 바닥에 닿자마자 무언가가 그녀의 입에서 튀어나왔다. 나는 속으로 '이 여성의 이가 빠진 건가?'라고 생각하였다.

나는 빠진 치아로 보이는 것을 향해 다가갔다. 그런데 그것은 치아가 아닌 3캐럿짜리 물방울 모양의 노란색 카나리 다이아몬드였다. 그것을 집어 든 나는 매우 놀랐다. 왜냐하면 그것은 내가 환상으로 본 바로 그것이었기 때문이다. 내가 그것을 만졌을 때, 처음에는 매우 부드러웠다. 나는 주님께 "이것이 왜 부드러운가요?"라고 물었다. 그러자 주님은 나에게 이렇게 말씀하셨다. "아들아, 너는 지금 보이지 않는 세계에서 막 밖으로 나와 아직 단단해지기 전의 물질을 만지고 있다. 감사하는 마음으로 네가 본 것을 소중히 여겨라. 그것은 거룩한 것이다." 내가 그것을 손에 들고 계속 기도하자 점점 단단해지고 빛이 나기 시작했다. 그것은 전적으로 감사로 인하여 나타난 기사와 이적이었다.

그때부터 감사는 하나님께서 주시는 것들을 향한 나의 삶의 방식이 되었다. 그 결과, 하나님 앞에 나의 마음이 인정되어 더 많은 일들이 일어나기 시작하였다. 보는 영역에도 이와 동일한 원리가 적용된다! 당신이 본 것들에 대해 감사로 반응할 때, 주님께서는 더 많은 환상과 실제화되는 기적들, 그리고 그분 자체를 부어 주신다!

4장
선지자의 창조적인 역할

우리가 주목하는 것은 보이는 것이 아니요 보이지 않는 것이니
보이는 것은 잠깐이요 보이지 않는 것은 영원함이라
(고후 4:18)

성경은 보이지 않는 세계가 보이는 세계의 모든 것을 구성하고 있다고 분명히 말하고 있다. 영의 차원은 선지자들이 그것을 보고, 그 결과로 눈에 보이는 것들을 생산해 내도록 그들에게 열려져 있다. 선지자는 그의 말과 입을 사용하여 하나님의 말씀을 선포하는데, 이것은 이 세상의 언어가 아니라 하나님으로부터 영감을 받은 초자연적인 언어이다.

선지자는 우리가 살고 있는 3차원의 세계를 넘어 하나님의 세계로 들어갈 수 있으며, 그곳에서는 영적인 차원이 우리가 앉아 있는 의자나 서 있는 공간보다도 더 실제적이다! 우리에게 허락된 더 높고 실제적인 차원이 존재하는 것이다. 성경은 "우리가 이러한 진리들을 말하거니와 사람의 지혜가 가르친 언어로 아니하고 오직 영(성령)께서 가르치신 것으로 하니, 영적인 진리는 (성령을 받은 자들에게는) 영적인 언어로써 연합되어지고 해석되어지느니라"(고전 2:13, 확대역 성경)고 말하고 있다.

그리하여 선지자는 세상의 지혜가 아닌, 우리의 인도자 되시는 성령의 가르침으로 주어진 영적인 진리들을 선포한다. 이 세상에서 창조가 이루어지게 하는 실제적인 영적인 언어를 선포하는 것이다. 이 언어는 해석될 수 있으며, 그 해석은 오직 성령 충만한 자들에게만 주어진다. 영적인 언어는 오직 성령님을 통해서만 해석되어야 한다. 하나님의 선지자가 하나님의 언어를 취할 때, 그는 영광의 문으로 들어가게 된다. 더 이상 시간이 존재하지 않는 공간으로 들어가게 되는 것이다.

그곳에서는 미래가 곧 그의 현재가 된다. 그는 시공간 밖으로 나가 물리적 세계에는 존재하지 않는 또 다른 시간의 공간으로 들어가게 된다. 그곳에서는 미래를 볼 수 있을 뿐만 아니라 과거도 볼 수 있다. 시간을 넘어 존재하는 하나님의 지식을 실제적으로 받게 되는 것이다. 누군가에게는 이러한 이야기가 정신 나간 소리처럼 들리겠지만, 그렇지 않다. 이것은 하나님의 백성들에게 주시는 정상적인 하나님의 언어와 역사하심이다.

선지자는 하나님의 믿음을 소유하고 있다. 그렇다면 믿음이란 무엇인가? "믿음은 바라는 것들의 실상이요 보이지 않는 것들의 증거니"(히 11:1). 믿음이란 실제적으로 존재하는 물질substance(실상)이다. 하나님의 선지자는 현실을 바꿀 수 있는 말씀을 선포하여 실제적으로 존재하는 물질을 만들어낼 수 있는 믿음을 소유한 자들이다. 하나님의 선지자들이 들어갈 수 있는 네 가지 차원은 이미 앞에서 설명하였다. 다만, 이번 장에서는 그것들을 다른 관점으로 새롭게 탐구해 보고자 한다.

하존

앞에서 나눈 바와 같이 하존은 신성한 커뮤니케이션이다. 구약에서 이 히브리어는 환상으로 번역되었다. 그러나 나는 하존이 들리는 하나님의 음성으로도 묘사될 수 있다고 첨언하고 싶다. 많은 사람들이 내적인 확증 혹은 내적인 목소리에 대해 가르치고 설교한다. 물론 그것도 좋은 가르침이다. 하지만 하존은 내적인 확증이 아니다. 하존과 같은 커뮤니케이션은 외적인 음성이다.

하루는 폴 키스 데이비스 목사님이 나에게 윌리엄 브래넘의 삶에 관한 놀라운 영상을 보여 주었다. 윌리엄 브래넘은 강단에서 예언하며 회중들이 악한 영들로부터 자유케 될 것을 선포하고 있었다. 그때 단순히 개인적인 차원이 아니라 온 회중으로부터 마귀들이 떠나가고 있었다. 그리고 그 영상 끝자락에 귀에 들리는 소리로 "아멘"이라고 하시는 하나님의 음성을 들을 수 있었다.

처음 그 영상을 보았을 때, 나는 적어도 1분 동안 아무 말도 할 수 없었다. 하나님께서 집회 중에 친히 임하셔서 선지자가 하는 말에 천둥과 같이 귀에 들리는 소리로 직접 동의해 주신 것이다. 그러자 윌리엄 브래넘은 이렇게 말하였다. "여러분, 들으셨습니까? 들으셨습니까? 이것은 주님이십니다! 제가 여러분에게 하고 있는 말이 하나님의 말씀이라고 주님께서 지금 천국에서 선언해 주고 계십니다!"

그 영상을 보면, 하나님의 음성이 회중 가운데 천둥처럼 울리는 것을 직접 들을 수 있다. 그곳에 있는 모두가 그 음성을 들었다. 이것이 바로 하존이다. 하나님의 음성이 실제 들릴 정도로 드러남으로, 하나님께서 직접 하나님의 사람이 선포하고 예언하는 말의 신뢰성을 입증해 주신 것이다.

폴 키스 데이비스 목사님과 대화를 나눌 때, 하나님께서 오늘날 이러한 것들을 다시금 보여 주실 것이라는 느낌을 받았다. 하나님께서는 은밀한 처소에서 일어난 일들을 사람들이 들을 수 있도록 공개적으로 드러내실 것이다. 그리고 이러한 일들이 일어날 뿐만 아니라, 우리가 진짜와 가짜를 분별할 수 있게 될 것이다. 선지자의 역할은 예언만 하는 것이 아니라 복음의 메시지 자체를 실체화하는 것이다.

하나님께서는 이전까지 우리가 보지도, 듣지도 못한 기사와 이적을 드러내실 것이다. 또한 우리가 오랫동안 보지 못했던 이전의 기적들도 다시 회복시키실 것이다. 진정한 아들의 정체성으로 행하는 자들이 선포하는 하나님의 말씀을 직접 입증하실 것이다. 그 결과, 교회는 누가 참으로 영적인 차원에서 행하는지, 아니면 그저 말만 앞서는지 알게 될 것이다.

헤베즈

헤베즈는 밤의 환상을 의미하는 아람어이다. 이것은 그저 밤에 경험하게 되는 무의식의 체험 이상으로, 말 그대로 순간이동을 하는 경험이다. 밤의 환상으로부터 돌아올 때, 당신은 제자리에서 어떤 체험을 한 것이 아니라 여행을 한 것처럼 느끼게 된다. 그리고 이때 당신이 실제로 임파테이션을 받을 수도 있다.

내가 거듭난 지 얼마 안 된 신자였던 열여덟 살 때, 친구의 집에서 부흥에 관하여 이야기하고 있었다. 그때 갑자기 내 오른편에 앉아 있던 여자아이가 흐느끼기 시작하더니 하나님의 권능에 진동하였다. 그 작은 집에 바람이 불기 시작하였고, 나는 하나님의 임재의 무게로 인해 바닥에 쓰러져 눕게 되었다. 그리고 바로 그때 열린 환상으로 들어갔다. 그곳에서 나는 지성소에 있었다. 그리고 그룹 천사들 사이에 하나님의 임재로 불타고 있는 그분의 언약궤가 바로 앞에 있었다. 그 불 가운데로부터 전신갑주를 입고 백마를 탄 한 사람이 나왔는데, 그분의 두 눈은 뜨거운 숯불처럼 불타고 있었다. 그가 잠시 멈춰 서서 내 눈을 뚫어져라 보시는 순간, 거룩한 경외감이 나를 사로잡았다.

그분은 자신의 검을 들어서 나를 가리키시더니 어떤 말도 없이 그 흰색 전투마를 타고 나에게 전속력으로 돌격해 오셨다. 나는 너무 놀란 나머지 그곳에서 한 발짝도 움직이지 못하고 서 있었다. '이제 말에 밟히겠구나' 생각한 바로 그 순간, 백마와 함께 그분께서 내 안으로 들어오셨다.

몇 초 뒤, 나는 친구들과 함께 있던 곳으로 돌아와 있었다. 그때 친구들은 이미 다 성령의 능력으로 바닥에 쓰러진 채 울고, 웃고 혹은 술 취한 것 같은 상태였다. 하나님의 임재의 무거운 구름이 그 방에 임하고 있는 것 같았다. 그때 그날 이후로 내가 결코 이전과 같지 않을 것임을 알았다. 그 불타는 남자와 흰 전투마를 만난 것은 내 평생에 결코 잊을 수 없는 체험이었다.

그날 나는 하나님께서 주님의 군대를 위한 용맹한 전사들을 찾고 계신다는 것을 알게 되었다. 나는 불타고 계시는 그리스도를 만났고, 그 결과 나 또한 불타는 사람이 되었다. 그때부터 나의 기도의 목적은 더 이상 내가 필요로 하는 것들의 목록을 주님께 전해 드리는 것이 아닌, 그분의 영의 초자연적인 차원들을 경험하는 것이 되었다!

선지자의 역할은 예언만 하는 것이 아니라,
복음의 메시지 자체를 실체화하는 것이다.

게네스 해긴은 밤중에 그리스도를 만나는 체험들을 하곤 했다. 이러한 체험들의 열매는 과연 무엇이었을까? 그는 삶의 모든 영역에서 어떻게 믿음으로 행하는지에 대해 여러 세대와 나라들을 가르쳤고, 그의 삶의 영향력은 오늘날까지 미치고 있다. 이처럼 하나님과의 만남은 열매를 맺는다. 밤의 환상은 그저 하나님과 잡담하는 것이 아니라, 그 결과로 실제 열매를 맺게 되는 만남이다.

이러한 일들은 당신의 영에 의해, 그리고 영을 통해 일어난다. 당신의 영이 진짜 당신인 것이다. 당신의 육신은 늙고 시들겠지만, 당신의 영은 늘 새롭게 되며 영원히 젊음을 유지한다. 하나님께서 헤베즈의 체험을 허락하실 때, 이러한 일이 당신의 영에 일어나게 된다.

마라

황홀경의 차원은 영적인 기도를 통해 임할 수 있다. 다시 잠깐 복습을 하자면, 마치 잠이 드는 것 같이 느껴진다 할지라도 황홀경으로 들어가는 것을 두려워하지 말라. 예를 들어, 성 패트릭과 같은 기독교 영성가도 황홀경의 차원이 하나님과 하나 되는 장소임을 이해하였다. 바울은 그 경험이 몸 안에서 겪은 것인지, 몸 밖에서 겪은 것인지 몰랐다. 그저 그 일이 일어났다는 것만 알았다.

이 차원은 뭔가 명확하지는 않다. 그것은 영적이며, 마치 구름이나 홀로그램과 같다. 이 단계는 많은 선지자들이 경험하는 단계이며, 많은 이들에게 자연스러운 것이 되었다. 잔 G. 레이크, 윌리엄 브래넘, 그리고 그 외 여러 믿음의 선배들이 이러한 차원에 이르렀었다. 어쩌면 당신은 우리가 이미 이 단계에 대해 이야기를 나눴다고 생각할 것이다. 이것이 선지자의 기능과 무슨 상관이 있을까? 사실 이 차원은 선지자의 창조적 기능과 연관이 깊다. 왜냐하면 바로 이 차원에서 하나님의 대변인이 세상을 바꾸는 그분의 말씀을 받기 때문이다.

마레

이 차원에서는 하나님의 나타나심이 일어난다. 이 차원에 들어가는 자들은 다른 차원들보다 훨씬 실제적이고 물리적인 체험을 하게 된다. 선지자가 이 차원으로부터 사역을 하게 될 때에는 영적인 차원이 현실세계만큼 온전히 실제적이게 된다. 이 차원이 바로 바울이 그가 몸 안에 있었는지, 밖에 있었는지 알 수 없었다고 한 그 차원이다.

이것은 케네스 해긴이나 많은 신학자들이 '현현'epiphany이라고 일컫는 차원이다. T. L. 오스본도 이 차원을 경험하였다. 예수님께서 그에게 나타나셔서 "나는 어제나 오늘이나 영원토록 동일하다"라고 말씀하신 것이다. 그 결과는 어땠을까? 하나님께서 많은 영혼들을 주님께로 인도하고, 많은 이들에게 소망을 줌으로 세상을 바꾼 복음전도자를 세우셨다. 마레의 경험이 한 사람에게 주는 영향은 영구적으로 지속된다. 하나님의 나타나심을 통해 드러나는 열매는 참으로 놀랍다. 이것은 그저 단순하고 빈약한 하나의 사건이 아니라 그것을 경험한 사람이 세상을 바꾸도록 만드는 진정한 방문인 것이다.

앞에서 언급한 케네스 해긴의 삶을 보라. 수십 년의 사역 동안 그는 약 다섯 번 정도 마레라고 할 수 있는 차원으로 예수님의 방문을 받았다. 그 결과 일어난 일들은 매우 기념비적이다. 예수님께서는 그에게 메시지들을 주셨고, 그는 그것을 그리스도의 몸인 교회에 나눔으로 교회를 영원히 바꾸어 놓았다. 그의 가르침들은 확산되었고, 그로 인해 많은 교회가 설립되었으며, 그가 세운 신학교는 오늘도 전 세계 수많은 국가에서 건실하게 운영되고 있다.

내가 분명히 말하고 싶은 것은, 그가 받은 예수님의 방문이 그에게 분리할 수 없는 무언가를 심어 주었다는 것이다. 우리가 다른 차원들에서 행할 때에도 놀라운 경험들을 하게 될 것이다. 그것은 아주 좋은 것이다! 그러나 특별히 마레의 나타나심을 체험하게 된다면, 참으로 놀라운 열매로 그것이 입증될 것이다.

은사 vs 인품

나는 영적으로 놀라운 일들을 보고, 그것들을 현실세계에 드러낼 뿐 아니라 그러한 경험의 청지기 역할을 할 수 있는 인품까지 갖춘 하나님의 사람들이 일어나는 것을 보기 원한다. 만일 인품이 기반이 되지 않은 채 은사가 드러나게 되면, 사실 그 은사는 그 사람에게 큰 대가를 지불하게 할 것이다. 나는 주님께 나를 비롯하여 많은 사람들이 윌리엄 브래넘과 같은 능력의 겉옷으로 행하게 해달라고 기도하였다. 뿐만 아니라 그만한 은사를 신실하게 감당할만한 인품을 달라고 기도하였다.

　이와 같이 기도하였을 때, 주님이 나에게 말씀하셨다. "내가 그런 자들을 준비시키고 있다." 지금 이러한 그릇들이 준비되고 있다. 하나님께서 그들을 하나님의 불로 준비시키시는 것이다. 하나님께서는 우리를 이 땅의 정욕과 갈망으로부터 정결케 하셔서, 우리가 하늘의 처소에 거하며 강력한 은사를 충분히 감당할 수 있는 매우 선한 인품을 유지할 수 있도록 하신다.

　모세는 이와 같은 원리를 잘 이해하였다. 성경은 이것에 대해 다음과 같이 말한다.

> 믿음으로 모세가 났을 때에 그 부모가 아름다운 아이임을 보고 석 달 동안 숨겨 왕의 명령을 무서워하지 아니하였으며 믿음으로 모세는 장성하여 바로의 공주의 아들이라 칭함 받기를 거절하고 도리어 하나님의 백성과 함께 고난 받기를 잠시 죄악의 낙을 누리는 것보다 더 좋아하고 그리스도를 위하여 받는 수모를 애굽의 모든 보화보다 더 큰 재물로 여겼으니 이는 상 주심을 바라봄이라 믿음으로 애굽을 떠나 왕의 노함을 무서워하지 아니하고 곧 보이지 아니하는 자를 보는 것 같이 하여 참았으며 (히 11:23-27)

　모세는 강력한 기사와 이적을 행하는 선지자였다. 그럼에도 불구하고 그의 목표는 그저 높은 영적인 지위나 권세를 받는 것이 아니라, 육신의 눈으로는 볼 수 없지만 그분과의 관계를 통해 볼 수 있는 하나님께 시선을 고정하는 것이었다. 모세는 애굽의 왕이 아니라 살아 계신 하나님을 두려워하였다.

정부 차원의 부르심

모세는 하나님의 백성들과의 관계에서 선지자의 역할을 감당하였다. 마찬가지로 에스겔은 하나님의 백성 중에 선지자와 목자로서 거하였다. 그는 히브리인들과 같이 포로생활을 하던 중 하나님의 말씀을 신실하게 선포하였다. 역사적으로 동일한 시대에 살았던 다니엘도 바벨론에서 선지자 역할을 하였다. 이 둘은 동시대의 사람으로 동일한 장소와 동일한 때에 사역하였다. 그러나 그 둘의 역할은 서로 많이 달랐다.

에스겔과는 다르게 다니엘은 정부 차원의 선지자였다. 하나님께서는 그를 당시 왕정체제 안에 두셨다. 다니엘은 더 높은 지위의 관료들 앞에 주님의 대언자로 선 것이다. 에스겔과 다니엘은 아마도 동시에 서로 다른 장소에서 동일한 일을 행하고 있음을 몰랐을 것이다.

지금 이 시대에도 하나님께서는 두 가지 선지자 직분을 일으키고 계신다. 에스겔과 같이 민중과 함께 거하며 믿음의 가정에 하나님의 말씀을 예언하는 영성가들도 있을 것이고, 다니엘과 같이 세상의 정치체제 속에서 문화를 바꾸고 높은 지위의 구조에 영향을 끼치는 정부 차원의 선지자들도 있을 것이다. 하나님께서는 이 세상의 모든 영역을 만지기 원하신다. 그분의 계획 안에서는 그 어느 것도 소외되지 않는다.

> 이제 세상의 문화가 성령의 거룩한 행하심을
> 경험하게 될 것이다.

　선지자의 역할은 더 이상 낯선 직분이 되지 않을 것이다. 우리는 이러한 선지자들이 세상의 문화를 바꾸는 중요한 역할을 하고 있는 시대로 들어가고 있다. 이제는 예언적인 사역과 우리가 세상에 어떻게 보여지는지와 관련하여 교계 지도자들의 투명성이 절대적으로 요구된다. 하나님께서는 이전의 모든 부흥이 마치 신기루처럼 보일만한 놀라운 수준의 그리스도의 신부의 부흥을 부어 주실 것이다. 그때에 일어날 일들은 이제껏 전혀 혹은 여러 세대 동안 보지 못했던 수준이 될 것이므로, 우리는 아주 깨끗하고 투명해야 한다. 왜 우리가 깨끗하고 투명해야 하는가? 왜냐하면 우리의 허물로 예언과 우리의 체험을 희석하기 시작할 때, 하나님의 행하심에 대한 진정성을 훼손시키게 되기 때문이다.

　당신이 현현의 차원을 경험해 보지 못한 채 다른 이들에게 그것을 경험했다고 말하지 말라. 당신의 체험을 부풀리거나 반대로 하나님이 당신이 강하게 선포하기 원하시는 부분들을 희석시키지 말라. 우리에게는 하나님께서 가져오실 크고 놀라운 부흥과 행하심을 견고케 할 그분의 말씀에 자신을 내어드릴 정결한 선지자들이 절대적으로 필요하다.

지속적인 추구

　선지자의 역할은 지속적이고 끈질기게 추구하는 것이다. 나는 "우리는 모든 것을 받았으며, 더 이상의 것이 필요하지 않습니다. 우리는 온전한 것을 받았습니다"라고 설교하는 자들의 말에 동의하지 않는다. 당신이 온전히 다 받았다면, 온전히 다 드러낼 수 있어야 한다! 전부 다 받았다면, 전부 다 행해 보이라. 나는 이미 다 받았다는 생각으로 지속적인 추구를 거두는 것은 위험하다고 생각한다. 아직 우리가 들어가 보지 못하였지만, 지속적인 추구를 통해 경험할 수 있는 더 깊은 차원들이 있다.

　물론 나는 하나님의 말씀을 넘어서는 경험들을 원하지 않는다. 머릿돌이신 그리스도와 그분의 나라와 하나님의 말씀을 제한다면, 그 집 전체가 무너지게 되는 것이다. 예수님 안에서의 믿음이라는 기초 밖에서 경험만을 추구할 때, 사역이 무너지고, 가정이 무너지며, 사회가 무너지게 되는 것이다. 나는 우리 세대에 하나님께서 그분이 이전에 드러내지 않으셨던 것을 드러내실 것이라고 믿는다. 이러한 일은 이전보다 훨씬 크게 일어날 것이다.

　최근에 나는 남동생과 약 한 시간 정도 전화로 아주 좋은 대화를 나누었다. 나는 이렇게 말했다. "나는 정말 우리가 하나님이 예비하신 가장 위대한 세대라고 믿어. 하나님께서 마지막을 위해 가장 좋은 것을 예비하신 것처럼 이때를 위해 우리를 예비해 두신 거야."

어떤 사람들에게는 이 이야기가 도전이 될 수도 있을 것이다. 그러나 나는 사도 바울이 이 시대에 필요했다면, 하나님께서 지금껏 기다리셨다가 그를 이 세상에 보내셨을 것이라고 생각한다. 만약 모세가 지금 이때에 필요했다면, 하나님께서는 모세의 사역을 시작하시기 위해 지금까지 기다리셨을 것이다. 그러나 오늘날 필요한 것은 그들이 아니라 바로 우리다! 우리가 바로 이날, 이때에 보냄 받기 위해 기다려온 자들인 것이다. 나는 당신이야말로 하나님이 예비하신 가장 좋은 씨앗이라고 믿는다. 인류 역사상 가장 어두운 시기에 빛과 추수를 가져오기 위해 하나님께서 당신을 심으시는 것이다.

예수님께서는 "홍수 전에 노아가 방주에 들어가던 날까지 사람들이 먹고 마시고 장가 들고 시집 가고 있으면서"(마 24:38)라고 말씀하셨다. 오늘날은 먹고, 마시고, 혼인하는 것이 특별하지 않다. 언제나 늘 그래왔다. 그렇다면 예수님께서 하시고자 한 말씀은 무엇인가? 노아의 때에는 먹고, 마시고, 혼인하는 것에 뭔가 특별한 점이 있었다. 그것은 그저 육적으로 먹고, 마시고, 혼인하는 것이 아니었다. 그리스도와 함께 먹고, 마시고, 혼인에 참여하는 것이었다. 에녹은 이것을 경험하였고, 그것은 오늘날을 위한 예표였다. 그는 하나님을 직접 먹었다. 하나님과의 지속적인 교제에 동참한 것이다.

마지막 때의 표징은 이 세 가지 요소들을 포함한 그리스도와의 연합이다. 동시에 세상에는 다른 영과 먹고, 마시고, 혼인하는 자들도 있다. 노아의 때에도 그런 일이 있었다. 창세기 6장에 천사들이 이 땅에 내려와 여인들과 혼인한 일이 바로 그것이다. 당신이 보다시피, 오늘날에도 성전환이 주류문화에 침입함으로 사단적 자기파괴가 보편화되어 가고 있다. 노아의 시대처럼 결혼에 대한 정의가 이 땅에 어둠을 가져온 고대의 악한 영들에 의해 훼손되고 있는 것이다.

이러한 타락은 오늘날 더 이상 새롭지 않은 것이 되었다. 이러한 문제들은 사실 오랫동안 존재해 왔던 것들이다. 그러나 십자가 이전 시대에 살았던 옛 선지자들과는 달리, 우리는 사단의 거짓말을 해체하고 정사들을 그들이 통치하고 있는 자리에서 쫓아낼 수 있는 복음의 진리와 능력을 가지고 있다.

그런데 이제는 진리를 말하는 것이 혁명적인 일이 되어 버렸다. 진리가 선포되는 것을 보는 것이 아주 드문 일이 되었다. 오늘날 많은 문화권에서 하나님의 말씀은 혐오 발언 취급을 받는다. 선지자의 역할은 생명을 주는 진리의 말씀을 선포하는 것이다. 그럼에도 불구하고 때로는 이러한 메시지 자체가 받아들여지지 않을 때가 많다. 이러한 가운데 우리는 비난 앞에서 우리의 선포를 멈추는 것이 아니라 앞으로 나아가라고 부름 받은 것이다!

우리는 선지자들이 사람들의 삶에서 이 세상 정사들의 능력을 끊어내도록 담대하게 사역해야 하는 때에 살고 있다. 우리가 예수님과 함께 먹고, 마시고, 혼인하도록 자신을 내어드릴 때, 세상과 이 세상을 조종하는 악한 영들 사이를 갈라놓을 능력을 받게 되는 것이다.

선지자는 세상의 지혜가 아닌,

우리의 인도자 되시는 성령의 가르침으로 주어진 영적인 진리들을 선포한다.

이 세상에서 창조가 이루어지게 하는 실제적인 영적인 언어를 선포하는 것이다.

이 언어는 해석될 수 있으며,

그 해석은 오직 성령 충만한 자들에게만 주어진다.

5장

얼굴과 얼굴로 대면하기

볼지어다 내가 문 밖에 서서 두드리노니
누구든지 내 음성을 듣고 문을 열면 내가 그에게로 들어가
그와 더불어 먹고 그는 나와 더불어 먹으리라
(계 3:20)

MYSTICAL PRAYER

　　　　　신학자들에 의하면, 성경 속 하나님의 나타나심에는 두 가지 종류가 있다. 첫 번째는 구약 속 하나님의 나타나심인 현신^{theophany}이다. 그리고 두 번째는 예수 그리스도의 나타나심인 예수님의 현현^{Christophany}이다. 전통적으로 이 단어는 그리스도께서 승천하신 후에 환상으로 나타나심을 의미한다. 예를 들면, 바울이 경험한 예수님의 현현이다. 이와 같이 교회 역사 중 성령님을 체험했을 뿐 아니라 예수 그리스도를 직접 만난 사람들이 있다.

　　최근 몇 년 동안 교회 안에서 예수님을 얼굴과 얼굴로 대면하는 것을 추구하는 일체의 모든 것을 없애려는 움직임이 확산되고 있다. 말하자면 그러한 체험을 추구할 때, 우리가 속을 수 있다는 것이다. 다시 말해서, 사단이 빛의 천사로 가장하여 찾아와 우리를 속일 수 있다는 것이다. 그러나 현실은 당신과 나만이 하나님의 형상을 따라

지음 받은 존재들이다. 따라서 예수님을 얼굴과 얼굴로 대면하고자 구할 때, 사단은 그리스도를 흉내 내거나 하나님의 형상을 입고 하나님과 우리의 만남 속에 섞여 들어올 수 없다. 그곳에는 속임수가 존재할 수 없다.

교회는 오랫동안 예수님을 얼굴과 얼굴로 대면하려면, 천국에 갈 때까지 기다려야 한다고 가르쳐 왔다. 그러나 이러한 가르침은 성경적이지 않다. 예수님께서는 우리가 그분의 이름으로 모일 때, 우리 중에 거하신다고 말씀하셨다. 우리 중에 거하신다는 것은 어떤 것일까? 그것은 그저 수사적이거나 감성적인 표현이 아니다. 그리스도께서 가시적인 모습과 실질적인 존재로 우리 삶의 현실에 문자 그대로 직접 뚫고 들어오시는 것을 의미하는 것이다!

사도 요한이 "내가 그에게로 들어가 그와 더불어 먹고 그는 나와 더불어 먹으리라"(계 3:20)고 기록한 내용에서 예수님이 말씀하시고자 한 것은 무엇이었을까? 예수님은 단 한 가지, 그분과의 교제를 의미하신 것이다. 그분과의 교제가 없는 교회는 그저 창고일 뿐이다. 물건을 보관하는 용도의 건물인 것이다. 하나님과의 교제fellowship는 항상 하나님과의 협력관계partnership로 이끌고, 이것은 우리를 초자연적인 공급으로 이끈다. 그리고 그 공급은 언제나 우리를 초자연적인 나눔으로 이끌 것이다.

당신이 그리스도께 나아올 때, 당신의 삶 가운데 부인할 수 없는 그리스도의 나타나심이 있을 것이다. 따라서 사람들이 당신 안에 그리스도께서 살고 계심을 인식하게 될 뿐만 아니라, 그리스도께서

유한한 당신의 몸을 통해 그것을 직접 나타내실 것이다! "나의 계명을 지키는 자라야 나를 사랑하는 자니 나를 사랑하는 자는 내 아버지께 사랑을 받을 것이요 나도 그를 사랑하여 그에게 나를 나타내리라"(요 14:21).

이 구절에서 '나타내신다'는 단어는 '모습을 드러내다, 빛을 발하다, 변화되다, 빛을 비추다'라는 의미를 가지고 있다. 예수님께서는 그저 "너희들이 한 주에 한 번씩 모여 점잖게 설교할 때, 내가 그저 그 위에 있을 것이다"라고 말씀하신 것이 아니다. 예수님께서는 문자 그대로 우리가 어디에 있든지 우리가 그분을 추구할 때, 그분의 능력과 임재를 우리 삶 중에 나타내길 원하시고, 그렇게 하실 준비가 되셨음을 선포하신 것이다.

서구권의 교회는 복음을 심각하게 희석하였다. 교회를 향한 그리스도의 뜻은 전통으로 가득 찬 체계화된 종교가 되는 것이 아니었다. 성도들이 껍데기뿐인 교회 건물 속에 숨어 있는 것을 바라신 것이 아니었다. 교회를 향한 그분의 뜻은 하늘나라를 이 땅에 드러내기 위해 천국으로부터 보냄 받은 초자연적인 모임이 되는 것이었다. 교회가 더욱 목소리를 낼 때, 천국의 청사진이 이 땅에 풀어져 더욱 천국처럼 되는 것이다.

그러나 종교는 바닥에 선을 긋고 이렇게 말한다. "만약 이 선을 넘는다면, 너는 광신도가 될 거야." 또한 종교는 이렇게 선언하는 경향이 있다. "형제님, 당신은 예수님에 대하여 이야기하셔도 됩니다. 다만, 예수님을 얼굴과 얼굴로 대면하였다는 이야기만은 하지 마십

시오. 그런 것은 저희가 받아들이기에 너무도 이상한 이야기입니다. 그런 경험은 죽어서 천국 갈 때까지 기다려야 가능합니다."

예수님께서는 그분이 곧 길이요, 진리요, 생명이라고 선포하셨다 (요 14장). 예수님은 그분이 길이요, 진리요, 사망이라고 선포하신 것이 아니다. 죽음만이 우리가 그분을 경험할 수 있는 유일한 방법이 아닌 것이다. 지금 바로 여기, 이생에서 우리가 그분을 경험할 수 있는 것이다! 당신이 경험하게 될 하나님과의 만남을 머나먼 미래나 내세로 미루지 말라. 우리의 사명은 하나님의 역사하심을 늦추는 것이 아니다!

> 주는 영이시니 주의 영이 계신 곳에는 자유가 있느니라 우리가 다 수건을 벗은 얼굴로 거울을 보는 것 같이 주의 영광을 보매 그와 같은 형상으로 변화하여 영광에서 영광에 이르니 곧 주의 영으로 말미암음이니라 (고후 3:17-18)

말씀에 어떻게 쓰여 있는가? 예수님을 보는 것은 우리가 변화받기 위한 행위이다! 우리는 문자 그대로 사람들이 우리를 바라볼 때에 예수님을 보게 될 정도로 그분을 드러낼 수 있다!

바울은 우리가 그분 안에서 살고 움직이며 존재한다고 하였다! 그래서 바울이 한 도시에 나타날 때면, 마치 예수님이 직접 그곳에 나타나신 것처럼 귀신들을 내어 쫓고, 복음을 전파하며, 병든 자들을 치유하고, 죽은 자들을 살린 것이다! 이것은 뭔가 이상하거나 기독교 교리에 어긋난 것이 아니다. 이것이 바로 기독교의 정수인 것이다!

오늘날 우리가 하는 성령운동을 '이상한 불'이라고 일컬으며 비난하는 책까지 쓰는 사람들이 있다. 그러나 사실 우리는 이상한 불이 아니라 새롭고 신선한 불이다! 우리는 진짜를 가지고 있다. 예수님께서 우리에게 나타나시고, 또 우리를 통해 길을 잃고 죽어가는 세상에 그분이 나타나시는 것을 보고자 하는 불타오르는 열정을 가지고 있는 것이다.

언제부터 그리스도의 몸 된 교회가 설교자의 이름 앞에 붙는 학위로 그가 선포하는 복음의 진위를 증명하는 곳이 되었는가? 이것은 하나님이 뜻하신 모습이 아니다! 하나님께서는 복음을 사람의 말을 넘어서는 메시지가 되도록 하셨다. 복음은 과거에도 능력으로 행하는 메시지였고, 앞으로도 그래야 하는 것이다.

성경에서의 나타나심

신약에는 부활하신 예수님이 13차례 사람들에게 실제적으로 나타나신 장면이 소개되어 있다. 그 장면과 구절은 아래와 같다.

1) 첫 번째로 막달라 마리아에게 예수님이 나타나셨다(막 16:9-11).
2) 그리고 나서는 무덤에서 다른 여인들에게 자신을 나타내셨다(마 28:8-10).
3) 그 후에 예수님은 베드로에게 나타나셨다(눅 24:32).

4) 그리고는 엠마오로 가는 길에서 두 명의 여행자에게 나타나셨다(막 16:12).

5) 그 이후에 예수님께서는 문이 닫혀 있던 방에서 열 명의 제자들에게 나타나셨다(눅 24:36-42).

6) 그리고 나서 예수님은 모든 제자들에게 나타나셨다. 이때가 예수님이 도마에게 자신이 예수님이심을 증명하신 때이다(요 20:26-31).

7) 일곱 명의 제자들이 낚시하던 중 예수님을 보았고, 그들은 예수님과 함께 먹고 교제하였다(요 21:1-14).

8) 산 위에 있던 열한 명의 제자들이 예수님을 보았다(마 28:16-20).

9) 500명의 무리가 예수님께서 하늘로 승천하시는 것을 보았다(고전 15:6).

10) 예수님의 형제 야고보가 변화되신 이후의 예수님을 보았다(고전 15:7).

11) 많은 이들이 예수님께서 40일간 가르치시고 승천하시는 것을 보았다(눅 24:44-49).

12) 바울이 다메섹으로 가는 길에서 예수님을 보았다(행 9:3-9).

13) 스데반이 순교당하기 직전에 예수님을 보았다(행 7:55-56).

교회 안에서 도마는 '의심 많은 도마'로 알려져 있다. 이것은 그다지 듣기 좋은 표현은 아니다. 왜 그는 믿기 위해 그리스도를 만져 보기 원했을까? 왜냐하면 예수를 따르는 일에 자신의 삶 전부를 걸기 위해 이것이 진짜인지 확인해 보고 싶었기 때문이다. 당시 기독교를 믿는다는 것은 곧 사형을 의미하였다. 그러한 상황에서 그는 실제적으로 살아 있는 비전과 예수님의 나타나심을 붙잡고 싶어 했던 것이다. 어떤 면에서 나는 그를 탓할 수 없다. 만일 어떤 메시지에 목숨을 걸어야 한다면, 나 또한 그것이 정말 실제적인 것인지 체험하고 싶어 할 것이기 때문이다.

엘리야와 같은 도전

인도에 케랄라라는 지역이 있는데, 도마는 실제로 그곳에 가서 브라만 계급의 승려들을 관찰하였다. 그들은 태양을 숭배하며 물을 위로 뿌렸고, 그 물은 다시 바닥으로 떨어졌다. 이러한 모습을 3일 동안 관찰한 도마는 승려들에게 가서 이렇게 말했다. "왜 당신들이 믿는 하나님은 당신들의 제물을 받아 주지 않습니까?" 그들이 "그것이 무슨 말입니까?"라고 묻자, 도마는 이렇게 말했다. "당신들이 태양신에게 제물로 물을 던졌는데, 그것이 바닥으로 다시 떨어지는 걸 봐서는 그가 받지 않은 것 아닙니까?"

그때 도마는 엘리야가 한 것과 같은 도전을 그들에게 제안하였다. "나는 나의 신에게 기도할 것이며, 내가 기도할 때 공중으로 물을 뿌리겠습니다. 그러면 그 물은 공중에 떠 있게 될 것입니다." 물론 그들은 그 말을 믿지 않았다. 그러자 도마가 "주님, 나는 주님을 얼굴과 얼굴로 대면하여 보았습니다. 주님의 기사와 이적들로 인해 감사드립니다"라고 말했다. 이어서 그는 물을 공중으로 뿌렸고, 그 물은 3일 동안 공중에 떠 있었다. 이 일로 모든 브라만 승려들이 거듭났고, 기독교의 도를 따랐다. 또한 그 지역 전체가 복음으로 휩싸였고, 오늘날까지도 그 지역은 인도 전역에서 복음화율이 가장 높은 지역이다.

도마는 실제적인 체험을 필요로 하였다. 그 체험이 그를 세상을 바꾸는 메시지에 붙들어 맸고, 세상을 바꾸는 그 메시지는 그가 사역한 지역에 그저 한때가 아닌 여러 세대 동안 강한 영향을 끼쳤다! 아마도 그가 케랄라 지역에서 행한 일의 영향력이 지금까지 지속되는 것을 보았다면, 큰 감명을 받았을 것이다.

어제나 오늘이나 영원토록

T. L. 오스본은 인도 선교사였다. 사실 그는 실패한 선교사였다. 그는 인도에 말씀 외에는 아무것도 가지고 가지 않았다. 그런데 현지인들은 그의 말을 받아들이지 않았다. 결국 그는 탈진하여 낙심한 상태로 미국으로 돌아왔다. 작은 교회에서 목회를 하기 위해 미국으로 돌아온 그는 억눌리고 우울해진 나머지 모든 사역을 그만두기 직전까지 가게 되었다.

1949년 여름, T. L. 오스본의 아내인 데이지는 오레곤 주 포틀랜드에서 열린 윌리엄 브래넘의 집회에 참석하였다. 그곳에서 일어나는 일을 직접 보고 들은 그녀는 집으로 돌아가 오스본에게 그 집회에 참석해야 한다고 말하였다. 처음에 그는 가기를 꺼려하였지만, 결국에는 가게 되었다. 그 집회 중에 윌리엄 브래넘은 듣지도, 말하지도 못하는 한 젊은이를 강단으로 데리고 올라왔다. 그때 하나님의 능력으로 모든 청중 앞에서 그 청년의 귀가 열렸고, 혀가 완전히 풀어졌다. 오스본은 그날의 일에 대하여 "내 안에서 마치 영원의 과거로부터 들리는 것 같은 수천 개의 음성이 '너도 할 수 있다!'고 말하는 것을 들었다"라고 회고하였다.

오스본은 집으로 돌아가서는 3일 동안 방문을 걸어 잠그고 나오지 않았다. 그는 먹지도, 물을 마시지도 않았다. 그는 "내가 예수님을 얼굴과 얼굴로 대면하여 만나기 전까지는 이 방을 떠나지 않겠다"고 하였다. 그리고 3일 뒤에 예수님께서 벽을 통과하여 나타나셔서 그를 만나 주셨다. 예수님께서는 그를 직접 응시하시고는 아주 간단히 이렇게 말씀하셨다. "나는 어제나 오늘이나 영원토록 동일하다." 그리고는 몸을 돌리시더니 방 밖으로 나가셨다. 오스본은 이 일을 계기로 매우 극적으로 변화되어 곧장 자메이카로 가서 성회들을 개최하였다.

원래는 나흘로 예정되었던 성회는 6주 동안 지속되었다. 그의 첫 성회에서 89명의 듣지 못하는 자와 말하지 못하는 자들이 완전히 고침 받았다. 주 예수님과의 단 한 번의 만남이 모든 것을 바꾸어 놓은 것이다.

조지와 스티븐 제프리스는 하나님께 모든 것을 극단적으로 내어 드린 또 하나의 좋은 예이다. 웨일즈 출신의 설교자인 그들은 특별한 계획이나 일정 없이 교회에서 모이곤 하였다. 그들에게는 설교나 예배에 대한 어떠한 계획도 없었다. 그들은 그저 기도하며 예수님을 직접 보기를 구하였다. 결국 하루는 기도 중 예수님께서 그 교회의 벽에 직접 나타나셨다. 그들은 장장 세 시간 동안 예수님을 바라보았다. 그 후 그 교회의 성도도 아닌 행인들이 거리를 지나다 하나님의 임재에 이끌리어 교회로 들어오곤 했다. 그리고는 십자가에 달리신 죽임 당한 어린양에 대하여 묘사하였다. 그 사건의 영향력은 어마어마하였다.

조지와 스티븐에게는 특별히 절름발이를 걷게 하고, 관절염을 낫게 하며, 팔다리가 회복되게 하는 기름부음이 있었다. 사람들이 말하길, 그들이 인도하는 집회 중에 계속해서 소란스런 소리가 났다고 하였다. 팔다리가 펴지고 관절들이 제자리로 맞춰질 때면 마치 산탄총을 쏘는 것과 같은 소리가 났다. 사람들은 강력한 기름부음 가운데 온갖 질병이 치유되는 것을 보았다. 어떤 남자는 한쪽 다리가 다른쪽 다리보다 6인치 정도 짧아 목발을 짚고 들어왔다. 그런데 스티븐이 그를 위해 기도하자 전 교인이 보는 앞에서 그의 다리가 자라나 완전히 치유되고 회복되었다. 그 남자는 완전히 자유케 되어 강단에서 뛰고 달렸다! 당신이 그저 예수님을 얼굴과 얼굴로 대면하기를 구할 때, 어떤 일이 일어나게 될지는 아무도 모른다.

아시시의 성 프랜시스는 1224년에 예수님을 만났다. 그 결과 그는 그리스도의 성흔을 몸에 지니게 되었다. 그뿐만 아니라 그가 어디를 가든, 기적과 능력의 표징이 나타났다. 노리치의 줄리안은 예수님을 만난 또 한 명의 영성가이자 신학자이다. 그녀는 어릴 때 죽을병으로 침상에 누워 있었는데, 예수님께서 그녀에게 일곱 번이나 나타나셨다. 그 일로 그녀는 온전하게 치유받았고, 영어로 책을 쓴 첫 여성이 되었다. 그 책의 제목은 《하나님의 사랑의 계시》Revelations of Divine Love로, 지금도 구입할 수 있다.

나는 가족과 함께 영국에 있는 줄리안의 기도실에 들어가 본 적이 있다. 우리가 그곳에 들어갔을 때, 내 딸이 갑자기 멈추더니 "나 기도하고 싶어요"라고 말했다. 그래서 우리는 다 같이 기도하였다. 그날 우리 아이들마저도 압도될 정도로 하나님의 임재가 강하였다.

존 웨슬리는 배를 타고 영국에서 미국으로 돌아가는 길에 주님께 "제가 에베소서를 백 번 읽겠습니다"라고 말씀드렸다. 그가 에베소서를 백 번째 읽었을 때, 위를 보자 예수님께서 그를 응시하시는 것이 보였다. 이 체험은 대각성운동에 불씨를 당겼다. 그가 미국으로 돌아왔을 때 하나님의 권능이 나타났고, 그 나라를 이전과 완전히 다르게 변화시킬 진동이 임하였다. 웨슬리가 집회 중에 설교할 때, 하나님의 능력에 의해 사람들이 벌초기에 풀이 쓰러지듯 쓰러졌다고 역사는 기록하고 있다.

수많은 믿음의 거장들이 그랬듯, 예수님과의 만남은 우리의 삶과 사역에 아주 특별한 능력을 부여한다. 그것은 누구도 흉내 낼 수 없는 열매와 결과를 가져올 것이다. 나의 믿음의 아버지 중 한 분은 나에게 이렇게 말하였다. "남들이 너의 설교를 베끼거나 노트를 훔칠 수는 있어도, 너의 초자연적인 능력을 복제할 수는 없다."

당신이 하나님과의 만남을 갖게 되면, 사람들은 당신의 설교 메시지나 발언들, 혹은 당신의 인용구들을 훔칠 수는 있다. 그러나 그들은 하나님의 능력을 복제할 수는 없다. 진정한 하나님의 초자연적인 능력은 흉내 낼 수 없는 것이다. 그것이 당신이 예수님과 함께 시간을 보낸 결과라면, 결코 위조할 수 없는 것이다. 이미 청중들은 무엇이 진짜고, 무엇이 가짜인지 냄새로도 알 수 있다. 진실성은 이 세상이 참으로 갈급해하는 가치이다! 우리는 그것을 세상에 공급해 줘야 한다.

나는 기사와 이적으로 행하기를 구하며 예수님과 함께 시간을 보낸 위대한 옛 선지자 중 한 명을 알고 있다. 그는 부지런히 기도하고, 추구하고, 씨름하고, 구했다. 오랜 기간 그는 하나님께 능력을 행하여 달라고 부르짖었다. 결국 하루는 그가 환상 중에 예수님과 함께 아버지의 보좌 앞에 들려 올려졌다. 아버지께서는 그에게 "아들아, 네가 무엇을 원하느냐?"고 말씀하셨다. 그는 가능한 한 가장 큰 목소리로 "저는 기사와 이적으로 행하고 싶습니다!"라고 부르짖었다. 그러자 주님께서 대답하셨다. "아들아, 네가 무엇을 원하느냐?" 그는 왜 하나님께서 자신의 요구를 듣지 못하셨는지 의아해하며 다시 외쳤다. "저는 기사와 이적으로 행하고 싶습니다!" 하나님께서는 동일한 어조로 대답하셨다. "아들아, 네가 무엇을 원하느냐?" 마침내 그는 동일하게 크고 열정적인 목소리로 이렇게 부르짖었다. "하나님, 저는 당신을 원합니다!"

그가 그렇게 선포하자 하나님께서 웃으셨다. 그냥 웃는 정도가 아니라 자지러지게 웃으셨다. 바로 그때 어떤 낙인과 같은 것이 보좌로부터 나와서는 그의 가슴을 쳤다. 동시에 그는 자신의 육신으로 되돌아왔다. 얼마나 대단한 선포인가! 그 순간 하나님의 영광이 그의 몸에 흐르고 있었다. 그는 자신이 방금 하나님을 얼굴과 얼굴로 대면한 것과 그가 이전과는 완전히 달라질 것이라는 것을 알았다. 그는 앞으로 기사와 이적이 그의 사역에 나타나게 될 것이라는 것도 알았다.

바로 다음 주일부터 그의 사역 가운데 팔다리가 없는 사람들의 팔다리가 자라나는 차원의 기사와 이적들이 일어나기 시작하였다. 그의 사역 중 기사와 이적이 터져 나오는 것은 일상이 되었다. 어떻게 그런 일이 일어났을까? 바로 그가 은밀한 장소에서 기적과 하나님의 능력을 구한 것이 아니라, 하나님 자신을 구했기 때문이다. 우리 모두의 영적인 여정 가운데 오직 하나님만이 우리가 갈망하는 단 한 가지가 되기를 바란다. 그러한 장소에서 우리가 경험하게 되는 하나님과의 만남은 전에는 존재하는지조차 알지 못했던 깊이와 차원으로 우리를 쏘아 올려 줄 것이다.

6장

추구하기

하 나 님 을   따 라 가 다

{ MYSTICAL PRAYER }

　　　　　　성경에는 어떤 사람들이 어떻게 하나님과 동행하였는지가 잘 묘사되어 있다. 예를 들어, 에녹은 365년 동안 하나님과 함께 걷다가 어느 날 갑자기 하나님이 데려가셨다. 히브리어로 '걷다'는 '할락'이다. 이 히브리어에는 흥미로운 점이 있는데, 이것은 그저 앞뒤로 걷는 것만을 일컫지 않는다. 이 단어는 하나님 안에서 위아래로, 안팎으로, 또 이리저리 걷는다는 의미를 내포하고 있다. 그 안에는 우리가 지상에 있는지, 하늘의 처소들에 있는지 알 수 없을 정도로 걸을(할락할) 수 있는 차원들이 있다. 크리스천들은 하나님의 임재 밖이나 이러한 차원 밖에서 살라고 부름 받은 존재들이 아니라, 오히려 그 안에서 살라고 부름 받은 것이다!

　　하나님의 임재야말로 하나님과 함께 걷는 것의 핵심이다. 하나님의 임재란 그저 느낌이 아닌 그 이상의 차원이다. 어떻게 사람들이 하나님의 임재를 느끼는 데 질릴 수 있는지, 나로서는 놀라운 일이다. 한 번 생각해 보자. 천국에 있는 사람들은 이미 그곳에 영원토록 있었고, 그들이 천국에 도착했을 때부터 하나님의 임재를 느끼고 있다. 그러나 그들은 하나님의 임재에 질리지 않는다. 왜 그럴까? 임재란 그저 느낌이 아니기 때문이다. 임재란 그 자체가 당신이 실제로 먹고 마실 수 있는 계시를 가져다주는 인격인 것이다. 만약 당신이 하나님의 임재로부터 오는 계시로 살아가기 시작한다면, 결코 그것에 질릴 수 없다.

사람들은 종종 나에게 이렇게 묻는다. "지금껏 여행 가본 곳 중 당신이 가장 좋아하는 곳은 어디입니까?" 그러면 나는 이렇게 대답한다. "내가 가장 좋아하는 곳은 하나님의 임재 안입니다." 내가 어느 나라나 장소에 있는지는 상관없다. 내가 그 어느 곳보다 더 좋아하는 것이 하나님의 임재이기 때문이다. 그곳은 시간을 넘어서고, 부패와 타락을 초월한 장소이자 달콤한 교제가 일어나는 곳이다. 이러한 장소로부터 우리는 먹고, 마시고, 살고, 만찬을 해야 하는 것이다.

그리스도께서 광야에서 사단에게 뭐라고 말씀하셨는지 기억하는가? 그날 사단이 유혹하였고, 예수님께서는 다음과 같은 말로 그를 꾸짖으셨다. "예수께서 대답하여 이르시되 기록되었으되 사람이 떡으로만 살 것이 아니요 하나님의 입으로부터 나오는 모든 말씀으로 살 것이라 하였느니라 하시니"(마 4:4). 여기서 "나오는 모든 말씀"이라고 하신 부분을 주목하라. 이것을 다른 말로 하면, 하나님의 입으로부터 지속적으로 나오는 말씀이 있다는 것이다. 이것은 앞으로 나아가는 계시의 지속적인 이끄심이다. 영원히 증가하는 영광 안에서 영원히 끝나지 않는 여정인 것이다.

그렇기 때문에 우리가 하나님을 다 이해한다고 생각할 때, 하나님께서는 새 일을 행하시고, 그분의 새로운 면을 보이시며, 새로운 방법으로 우리에게 진리를 보여 주신다. 하나님은 식상하거나 진부하신 분이 아니다. 또한 그분은 우리가 현미경 아래 고정해 놓고 관찰하면서 '파악'할 수 있는 분도 아니다. 그분은 광대하시고, 영원하시며, 무궁토록 새롭게 드러내시는 분이다. 그래서 하나님께서는 그분께로 더욱 깊이 들어가야 할 우리의 책무를 늘 새롭게 하여 주시는 것이다.

예레미야는 "누가 여호와의 회의에 참예하여 그 말을 알아들었으며 누가 귀를 기울여 그 말을 들었느냐"(렘 23:18)라고 하였다. 여기서 참예한다는 말은 지속적으로 신실하게 그 자리에 있어서 임재 안에 거한다는 의미다. 어떤 이들은 임재 안에 일정 기간 동안 있다가 가고, 어떤 이유에 의해 밖으로 나가게 된다. 그래서 하나님께서는 우리를 부르신 후 처음 부르셨을 때 주신 계시를 새롭게 하신다. 하나님 앞에 선다는 것은 한때를 의미하는 것이 아니라 영원한 것이다.

한 예로, 아담은 하루 중 날이 서늘할 때에 지속적으로 하나님과 동행하였다. 사실 원문을 분석해 보면, 성경은 하나님의 말씀이 날이 서늘할 때에 아담에게 걸어서 오셨다고 말하고 있다. 하나님의 말씀에 다리가 있다는 것을 아는가? 그렇다. 계시에는 다리가 있다! 하나님 자신과 그분의 진리를 드러내시고자 하는 그분의 계획은 움직일 수 있으며, 우리를 만날 수도 있다. 바로 예수님이 걸어 다니는 계시의 궁극적인 예이다. 한 가지 예로, 엠마오로 가는 길에서의 그리스도를 보라. 예수님은 그 길에서 제자들에게 계시를 주시고 계셨으나 제자들은 그분을 인지하지 못했다. 왜 그랬을까? 그것은 예수님께서 새로운 모습으로 그들에게 오셨기 때문이다.

많은 크리스천들이 하나님을 만날 때, 이와 같이 영적으로 보지 못함을 경험한다. 그들은 과거에 정해진 방식으로 예수님을 만났기 때문에, 그 결과 관계가 지속됨에 따라 그분이 새로운 형태로 나타나실 것을 예측하지 못한다. 예수님께서는 새로운 방식으로 나타나실 것이고, 새로운 것들을 말씀하실 것이다. 그러니 그분을 지속적으로 배우라. 하나님의 말씀은 과거에 하나님의 입으로부터 나왔던 것이 아니라, 지금 하나님의 입으로부터 나오고 있는 것이다. 지금 나오는 하나님의 말씀이 우리를 그분의 부어 주심을 받을 수 있는 위치로 이끄는 것이다.

사람들은 마치 타임캡슐 속에서 살아가는 것처럼 그들이 하나님을 만났던 시점 이후로 나아가려 하지 않는다. 다른 말로 표현하자면, 그들이 하나님과 놀라운 체험을 한 후 계속해서 새로운 만남들을 구하며 이후의 계시를 추구하기보다는 그 자리에 말뚝 박은 것처럼 그저 그때, 그 시간 속에 머물러 있다는 것이다. 그 결과, 그들은 더 이상 시간을 이긴 자들이 아니라 시간에 패배한 자들이 된다. 그들은 시간에 패배한 자들이기에, 앞으로 나아가며 새로움을 경험하는 대신 그저 추억 속에 머물며 하나님이 그들의 삶에서 역사하시던 때로 돌아가기를 소망한다.

다양한 초자연적 양식

신학교에 다니던 시절, 나는 단윤이 쓴 《가시밭의 백합》Lilies Amongst Thorns이라는 책을 읽었다. 그 책에 보면 윤 형제는 기독교 신앙 때문에 81일간 감옥에 갇히게 된다. 그는 성경을 가지고 있었다는 이유로 지하 감옥에 던져졌다. 그곳에서 그는 매일 맞았고, 처음 15일간 음식도, 물도 먹지 못했다. 15일째 되던 날, 그가 지하 감옥에서 하나님을 예배할 때에 예수님께서 벽을 통과해 들어오셔서는 그에게 빵과 포도주를 가져다주셨다. 그리고 그 이후 70여 일 동안 예수님께서 매일 감방에 찾아오셔서 그에게 빵과 포도주를 주셨다.

오늘날 하나님께서 부어 주시는 기독교의 비밀과 영적 현실이 있다. 오랫동안 교회가 잊고 있었던 계시와 차원들이 존재하는 것이다. 하나님께서는 오늘날 우리가 그러한 길로 행할 수 있도록 이 길들을 다시 드러내기 원하신다. 예수님의 임재 속에서의 친밀함이 우리를 새로운 길을 닦는 보이지 않는 영적 세계의 선구자로 만들어 줄 것이다.

하나님의 나타나심은 신학교에서 수년간 공부한다고 일어나지 않는다. 그것은 오직 예수 그리스도와의 친밀함으로 일어난다. 그분이 어떠한 형태로 오시든, 그분을 얼굴과 얼굴로 대면함으로 당신에게 지울 수 없는 인을 치게 될 것이다. 그것은 매우 전염성이 높은 분위기이다. 성경에 대한 표면적 지식이나 학위가 아니라 바로 이것이 능력이 드러나게 되는 열쇠이다. 하나님과의 개인적인 만남은 그분의 놀라운 은혜를 우리의 부르심의 장소에 풀어 놓을 수 있게 해준다.

바울은 골로새서를 쓸 때에 영어의 미스터리mystery, 미스틱mystic 등의 어원이 되는 '무스테리온'mustérion이라는 단어를 사용하였다. 바울은 "하나님이 그들로 하여금 이 비밀의 영광이 이방인 가운데 얼마나 풍성한지를 알게 하려 하심이라 이 비밀은 너희 안에 계신 그리스도시니 곧 영광의 소망이니라"(골 1:27)라고 하였다. 이것을 다른 말로 하면, 예수 그리스도께서 곧 천국의 비밀이시라는 것이다. 그분이 곧 신성한 비밀, 즉 밝혀지게 된 신비의 그리스도인 것이다. 또한 한 번 밝혀지셨을 뿐 아니라, 계속해서 영원히 밝혀지고 있는 것이다.

우리가 주님께 나아갈 때, 그분을 향한 중독이 우리 마음에 들어오게 된다. 바울은 그리스도를 향한 그의 열망이 하나님의 백성들 가운데 일어날 것에 대해 이야기하였다. 우리가 계속해서 우리의 삶에 나타나시는 그리스도의 새로운 모습들에 주의를 기울일 때, 그분이 계속해서 우리 안에 계시는 것이다. 그분의 형상을 봄으로 우리 안에 그분이 계시게 된다.

성인들의 하나님과의 만남

많은 이들, 특히 은혜만을 강조하는 사람들은 욥기를 제대로 읽어 보지 않았을 것이다. 그들은 욥기가 슬픔과 깨어짐의 책이며, 새로운 피조물과 관련된 이야기가 아니라고 느낀다. 그러나 욥기는 영의 세계의 깊은 비밀들을 지닌 책으로, 율법시대 이전에 쓰인 책이다. 그래서 욥의 계시는 규칙이나 석판에 쓰인 율법에 기초한 것이 아니라 관계에 기초를 두고 있다. 성경은 욥이 하나님께서 그의 위에 불꽃처럼 계시며, 그의 발걸음이 기름으로 씻기는 때를 기억하는 장면을 언급한다(욥 29:6). 욥은 그렇게 하나님의 임재 안으로 들어가 함께하는 방식으로 주님과 동행한 것이다.

욥이 하나님의 임재로 들어갔던 것처럼, 우리도 동일한 기회를 부여받았다. 당신은 누군가와 대화하던 중 갑자기 하나님께서 어디론가 데려가셔서 당신의 시선과 관심을 그분께만 집중케 하신 경험이 있는가? 어떤 사람들은 성령님이 신사적이시라고 이야기하는데, 물론 나도 그렇게 믿는다. 그러나 성령께서는 때로 당신이 있던 상황에서 당신을 뜯어내셔서 새로운 영적인 장소로 데려가신다. 4-5세기 교회의 교부들은 이것을 이해하였다.

'사막의 교부들'이라고 불렸던 그들은 하나님의 임재를 경험하기 위해 세상으로부터 탈출하여 사막으로 들어갔다. 그들은 하나님께서 임하시기를 너무도 갈망한 나머지, 오직 예수님 한 분만 의지하기 위해 이 땅의 것들을 멀리하여 자신들을 고립시켰다. 그 결과 그들은 황홀경의 계시들에 사로잡혔으며, 그리스도께서 그들에게 나타나셨다.

예수님과 매일 여러 시간을 보낸 아빌라의 성 테레사는 너무도 많은 시간을 주님을 경배하며 보낸 나머지, 창을 든 한 천사가 나타나 그녀의 심장을 찔렀다. 그녀는 그 일에 대해 "내 심장에 불이 타 들어가는 것 같았고, 그날 이후로 단 하루도 그분 없이 살 수 없게 되었습니다"라고 하였다. 성 테레사가 소천하여 예수님과 영원히 같이 있게 되었을 때, 사람들이 그녀의 몸에서 심장을 꺼내었는데 그곳에 실제로 찔린 구멍이 있었다고 한다. 그들은 그녀가 그러한 상태로 어떻게 살아 왔는지 알 수 없다고 하였다. 성령님과 함께하는 친밀한 시간은 보이지 않는 영적인 세계를 당신이 지금 앉아 있는 의자보다 더욱 실재처럼 느끼도록 인도할 것이다.

> 예수 안에서 살아갈 때,
> 우리는 순도 높은 천국의 공기를 마시게 된다.
> 그분의 영원의 임재를 마시고,
> 우리 주변의 대기가 실제로 천국의 것이 되는 것이다.

시에나의 카타리나도 하나님의 옛 성인 중 한 명이다. 그녀는 주님께서 오셔서 그녀의 심장을 몸 밖으로 꺼내셔서 장장 세 달 동안이나 "주님께서 나의 마음을 훔치셨기 때문에 나는 더 이상 심장이 없습니다"라고 말하며 다녔다. 세 달이 지난 후 그녀가 예배하고 있을 때, 주님께서 그녀의 방에 다시 걸어 들어오셔서 그녀의 가슴에 그분의 심장을 넣어 주셨다. 천국의 현실은 매우 실제적이어서, 그것이 당신을 물리적으로 인칠 것이다.

예수 안에서 살아갈 때, 우리는 순도 높은 천국의 공기를 마시게 된다. 그분의 영원의 임재를 마시고, 우리 주변의 대기가 실제로 천국의 것이 되는 것이다. 그렇기 때문에 우리가 살아갈 수 있게 된다. 우리는 세상의 음식과 이 땅의 것들로 연명하는 것이 아니라, 주님의 실제적인 연명케 하심으로 인해 양분을 얻는다. 그렇기 때문에 윤 형제는 81일 동안 음식을 먹지도, 마시지도 않고 살 수 있었던 것이다. 예수님께서 그러한 차원을 훨씬 넘어서는 것들을 주셨기 때문이다. 그 당시 그가 예수님께 온전히 사로잡힌 나머지 81일째에 사람들이 그를 고문하러 들어왔을 때, 그들은 더 이상 윤 형제를 볼 수 없었다. 대신 그의 얼굴에서 예수님의 얼굴을 보았다. 어떻게 그런 일이 가능할까? 우리는 함께 시간을 보낸 사람을 점점 닮아가기 때문이다.

그리스도의 몸 된 교회란, 사람들이 모이는 건물이 아니다. 물론 나도 교회와 교회 건물, 교회에서의 모임을 좋아한다. 그러한 것들 역시 우리가 잊어서는 안 된다. 그러나 예수님의 몸은 우리가 들어갈 수 있는 영적이고 육적인 몸이다. 그리스도께서는 영화롭게 된 육신으로 보좌에 앉힌 바 되셨다. 그렇다. 하나님은 영이시다. 그러나 동시에 그분은 육 안에 거하신다. 그리스도께서는 사람의 육신을 입으신 후 그것을 벗으신 것이 아니라 그 안에서 영화롭게 되셨으며, 지금은 그 육신 안에서 보좌에 앉아 계신다. 그리스도께서는 새로운 길이시며, 살아 계신 길이다. 우리를 하나님으로부터 가로막았던 육신의 휘장을 의미하는 그분의 육신은 찢겨졌다. 그의 몸은 그 길을 내시고, 사람들과 그들의 창조주 사이의 모든 장애물을 치우시기 위해 깨어졌다.

> 사람이 깊이 잠들 즈음 내가 그 밤에 본 환상으로 말미암아 생각이 번거로울 때에 두려움과 떨림이 내게 이르러서 모든 뼈마디가 흔들렸느니라 그 때에 영이 내 앞으로 지나매 내 몸에 털이 주뼛하였느니라 그 영이 서 있는데 나는 그 형상을 알아보지는 못하여도 오직 한 형상이 내 눈 앞에 있었느니라 그 때에 내가 조용한 중에 한 목소리를 들으니 (욥 4:13-16)

엘리바스는 하나님과 함께 시간을 보내다가 영적으로 보는 차원으로 들어가게 되었다. 그리고 환상이 임하기 시작했다. 뭔가 새로운 일이 일어나는 영의 세계로 깨어나게 되었다. 그의 육신의 털이 곤두서고 몸이 떨리며 뼈들이 진동할 정도로 말이다! 여기서 주목해야 할 것은 처음에는 욥이 아무것도 보지 못했다는 점이다. 그는 성령님의 형상의 분명한 이미지를 보지 못했다. 오히려 그를 그 계시로 이끈 것은 어떤 신비로운 체험이었다.

영적인 것들을 경험할 때, 언제나 즉시 무언가를 분명하게 받을 것이라고 기대하는 것은 잘못된 생각이다. 영적으로 신비로운 체험을 하는 것의 성경적 모델은 분명하다. 보여 주신 것을 해독하기 위해 종종 추가적인 계시가 필요하다는 것이다. 영적인 세계에는 우리가 이해할 수 없는 것들이 존재한다. 하지만 성령께서 우리의 안내자가 되어 주셔서 그 수수께끼들을 풀 수 있게 해주시고, 처음에는 불확실했던 것을 명료하게 만들어 주신다.

하나님 앞에 서는 것은 우리로 하여금 욥기 4장과 같은 경험들을 할 수 있게 해준다. 그뿐 아니라, 이런 경험들은 영적인 세계로부터 그 놀라운 계시들을 이 땅으로 가져와 실제 변화가 일어나는 것을 볼 수 있도록 빠르게 인도한다. 당신이 영적인 세계에서 받게 될 중요한 말씀이 있다. 그리고 그것을 받게 될 때, 당신은 그것을 이 땅으로 가져와 역사를 바꾸고, 사회의 틀을 깨뜨릴 수 있게 된다. 모든 것이 다 바뀌어 이전과 같은 것은 하나도 남지 않게 될 것이다!

어떤 사람의 삶의 실재와 그 사람과 하나님과의 관계는 그것을 그가 얼마나 실제로 나타내는가를 통해 알 수 있다. 현실에서의 나타남은 그 사람에게 임한 하나님의 영광을 보여 준다. 그들이 진짜 천국에 다녀왔는지, 아닌지는 그 체험에 대한 그럴싸하고 듣기 좋은 이야기가 아니라 그들이 하는 말이 지니고 있는 무게로 드러나는 것이다. 현실로 나타남은 당신이 다녀온 곳의 실재를 드러내게 된다. 당신이 천국의 처소에서 천국과 함께 동행하면, 천국의 실재가 현실에 나타나기 시작하여 절대 일어날 수 없는 비이성적이고 비논리적인 일들이 일어나게 된다. 왜냐하면, 하나님의 현실을 우리의 현실로 가져오기 위해 그분의 임재의 실체를 사용하기 때문이다.

당신이 더 많은 시간을 하나님과 함께 보낼수록, 더 밀도 높은 하나님의 임재가 현실화되기 시작한다. 임재의 밀도가 당신의 말에 무게를 더하는 것이다. 무거운 것은 밀도가 높다. 좁은 공간에 많은 물질이 가득 차 있을 때, 그만큼 무거워지는 것이다. 하나님 안에서 우리가 그분과 더 많은 시간을 보낼 때, 그분의 영광이 우리의 삶에서 더욱 밀도가 높아지는 것이다. 하나님의 전적인 채워 주심에 우리의 마음을 열 때, 하나님은 그분의 능력을 우리와 우리의 삶과 사역 안에 가득 넣어 주신다.

> 당신이 더 많은 시간을 하나님과 함께 보낼수록,
> 더 밀도 높은 하나님의 임재가 현실화되기 시작한다.
> 임재의 밀도가 당신의 말에 무게를 더하는 것이다.

우리는 이러한 삶을 놓쳐서는 안 된다. 이것은 그저 삶의 한 단면이 아니라 삶 그 자체이다. 하나님께서 우리가 놓쳐 왔던 것을 속히 회복시키시는 일이 있을 것이다. 예수님께서 당신에게 마치 불처럼, 꿀처럼, 포도주처럼, 혹은 또 다른 어떤 것처럼 임하실 것이다. 그분께서는 당신의 상황과 필요에 맞게 나타나실 것이다.

어쩌면 당신은 그러한 삶을 살기에 시간이 부족하다고 생각할 수도 있다. 그러나 성경에는 에녹이 하나님과 365년간 동행하였고, 그리고도 300년을 더 하나님과 동행하며 살았다고 기록되어 있다. 그 점이 왜 중요한가? 왜냐하면 에녹에게도 이 땅에서의 책무들이 있었고, 어쩌면 가족, 직장 등으로 인해 일정이 바쁜데도 그것들이 그가 하나님 안에서 깊은 차원을 추구하는 것을 막지 못했기 때문이다.

당신의 일정이 하나님과 시간을 보내기에 너무 바쁘다고 생각지 말라. 삶의 분주함을 당신이 하나님과 동행하는 것을 가로막는 핑계로 삼지 말라. 당신이 무언가를 진정 가치 있게 여긴다면, 얼마든지 그것을 위해 시간을 할애할 수 있다. 하나님과의 깊은 친밀감을 이 생의 걱정들보다 더 가치 있게 생각하는 것은 매우 중요하다. 그러한 관점에서 본다면, 그분을 위해 시간을 내어드리는 것이 마치 숨 쉬는 것처럼 자연스러워질 것이다. 그분께 시간을 할애하고 그분의 임재를 마심으로 하나님께서 당신의 삶에서 나타내고자 하시는 새로운 모습으로 임하시게 될 것이다.

당신이 영적인 세계로 자연스럽게 들어갈 수 있게 하라. 하나님께서 하늘의 처소에서 하시는 일들이 이 땅에서 물리적으로 일어나는 것을 경험할 수 있도록 자신을 내어드리라. 바로 그러한 삶을 살기 위해 당신이 태어난 것이다.

7장

영광스러운 도전

우리를 기다리고 있는 옛 길

MYSTICAL PRAYER

　　만약 그리스도께서 천국을 향한 길이자 문이시라면, 우리가 어떻게 이 비밀의 길, 즉 보이지 않는 세계로 가는 문을 찾을 수 있을까? 신비의 계단이시자 초자연적인 능력의 운송 수단, 언약궤 위에 계신 은혜의 보좌, 오랜 기간 동안 숨겨지신 바 된 예수 그리스도께서 발견되어지기를 기다리고 계신다. 우리가 모든 관심을 그리스도의 아름다움으로 돌린다면, 우리를 영생으로 이끄는 그 옛 길을 발견하게 될 것이다.

　　레너드 레이븐힐은 "어떠한 사람도 그의 기도의 삶보다 더 위대해질 수는 없다"고 하였다. 기도가 모든 크리스천의 여정 중 중요한 부분이라는 것을 인식함과 동시에, 이러한 기도가 바로 보이지 않는 세계를 보는 데 있어서 필수적인 것이다. 역사적으로 다른 이들보다 더 깊은 방식으로 천국을 경험한 이들은 항상 있어 왔다. 이사야가 말한 구름처럼 하늘을 날고, 비둘기처럼 보금자리로 날아가는 자들 말이다. 더 깊은 기도와 성령의 감춰진 비밀들을 향한 항해에 오르라.

이전에 미처 알지 못했던 훨씬 더 깊고 친밀한 방식으로 하나님과 동행하는 일에 자신을 내어드리라. 그러면 당신과 하나님 사이의 모든 장애물을 없애 버리는 기도의 삶을 발견하게 될 것이다. 깊은 것이 깊은 것을 부르고, 은혜의 보좌로부터 계시가 자유롭게 흐르는 차원으로 들어가게 될 것이다. 배운 것을 실행하는 것은 그것을 읽기만 하는 것보다 훨씬 중요하다. 이 책에서 배운 것을 실제로 실행하라. 옛 성인들의 도전이 당신을 더 깊은 차원으로 밀어 넣게 하라.

너무나 오랫동안 그리스도의 몸 된 교회가 하나님을 그저 우리의 팔로 가늠할 수 있는 수준로 제한해 왔다. 그분이 우리 곁에 계시기를 원하지만, 그분의 생각이 우리에게 가득 부어지는 것에 대해서는 두려움을 느껴 왔다. 우리는 하나님의 생각이 우리 삶 속에 있기를 원하지만, 하나님의 실재가 우리 삶에 거하는 것은 원치 않았다. 기독교 신앙의 혜택들은 원하지만, 믿음의 확신과 부르심은 원치 않았다. 그러한 생각이 당신의 생각의 영역에서 영원히 사라지기를 기도한다. 예수님께서 우리로 경험하게 하시기 위해 죽으신 바로 그 삶으로 당신이 뛰어들기를 바란다. 세상은 당신이 그저 말이나 신학의 차원을 넘어서는 무언가를 가지고 나타나기를 고대하고 있다. 물론 건전한 신학은 좋지만, 그것이 하나님의 영광을 드러내지는 않는다. 오직 참된 친밀함과 깊은 기도만이 하나님의 영광을 나타낼 것이다.

MYSTICAL PRAYER

by Charlie Shamp

Copyright ⓒ 2018 by Charlie Shamp

Originally published in English under the title of
Mystical Prayer by Pulpit to Page Publishing

Korean Translation Copyrigh ⓒ 2019 by Pure Nard
2F 16, Eonju-ro 69-gil Gangnam-gu, Seoul, Korea

The Korean edition is published by arrangement with Charlie Shamp.
All rights reserved.

본 저작물의 한국어판 저작권은 저자와의 독점 계약으로 '순전한 나드'가 소유합니다.
저작권자의 허락 없이 이 책의 일부 또는 전체를 무단 복제, 전재, 발췌하면 저작권법에 의해 처벌을 받습니다.

영성가의 기도

초판 발행| 2019년 4월 10일
2쇄 발행| 2024년 3월 20일

지 은 이| 찰리 샴프
옮 긴 이| 조슈아 김

펴 낸 이| 허철
편　 집| 김혜진
디 자 인| 이보다나
총　 괄| 허현숙
제　 작| 김도훈
인 쇄 소| 예원프린팅

펴 낸 곳| 도서출판 순전한 나드
등록번호| 제2010-000128
주　 소| 서울특별시 강남구 언주로69길 16, (역삼동) 2층
도서문의| 02) 574-6702
팩　 스| 02) 574-9704
홈페이지| www.purenard.co.kr

ISBN 978-89-6237-256-4 03230